인문
계열

융합적 사고와 글쓰기
워크북

고명철 · 김문정 · 김영건 · 김영범 · 김학현
유승호 · 장석원 · 전형철 · 정우신 · 정재훈 공저

보고사
BOGOSA

집필진 소개

고명철(현대문학)

김문정(현대문학)

김영건(현대문학)

김영범(현대문학)

김학현(현대문학)

유승호(현대문학)

장석원(현대문학)

전형철(현대문학)

정우신(현대문학)

정재훈(현대문학)

융합적 사고와 글쓰기
워크북 –인문 계열

2020년 2월 19일 초판 1쇄 펴냄

지은이 고명철·김문정·김영건·김영범·김학현·유승호·장석원·전형철·정우신·정재훈
펴낸이 김흥국
펴낸곳 도서출판 보고사

등록 1990년 12월 13일 제6-0429호
주소 경기도 파주시 회동길 337-15 보고사 2층
전화 031-955-9797(대표), 02-922-5120~1(편집), 02-922-2246(영업)
팩스 02-922-6990
메일 kanapub3@naver.com / bogosabooks@naver.com
http://www.bogosabooks.co.kr

ISBN 979-11-5516-969-8   03710
ⓒ 고명철·김문정·김영건·김영범·김학현·유승호·장석원·전형철·정우신·정재훈, 2020

정가 10,000원

차례

1. 글과 삶: 삶의 문자화된 기록

자아와 내적 소통을 거친 결과가
문자로 구체화되어 외부로 나타나는 것이 글쓰기

①인간의 의사소통은 반드시 사고와 성찰의 단계가 선행되어야만 함
②언어와 사고는 분리된 것이 아니라 긴밀하게 융합되어 있다는 점이 중요
③인간의 모든 언어활동-듣기와 말하기, 읽기와 쓰기-은 서로 유기적으로 연관

학 과		성 명	
학 번		실시일	

1. 교재 〈예문 1〉을 읽고, 김태조의 행동이 무슨 의미를 띠는지 자신의 생각을 자유롭게 써보자.

➔예문 교재 p.12

_____

_____

_____

_____

_____

_____

_____

_____

_____

_____

_____

_____

_____

_____

_____

_____

_____

_____

2. 자신의 하루 일과를 친구에게 얘기하듯 시간의 흐름을 고려하여 나열해보자.

학 과		성 명	
학 번		실시일	

1. 앞서 나열한 자신의 일과 가운데 한 가지를 택하여, 그 의미를 구체적으로 기술해보자.

학 과		성 명	
학 번		실시일	

1. 내 인생의 결정적 세 장면을 뽑아 기록해보자.

2. 1번 문항의 내용을 포함시켜 자신의 삶을 특징적으로 드러낼 수 있는 한 편의 글을 써보자.

학 과		성 명	
학 번		실시일	

1. 부모님 중 한 분과 인터뷰를 하고 부모님 인생의 결정적 세 장면을 뽑아 기록해보자.

2. 타인의 삶이 문자로 기록된 것(전기, 평전) 등을 읽고 이에 대한 간단한 서평을 써보자.

2. 말하기와 글쓰기: 현장성과 기록성

글은 시간과 공간의 제약을 떠나서도 전달이 가능하다는 점에서
말이 지니는 현장성과 다른 특성을 지님

①글은 기록성으로 인해 언어활동의 현장을 벗어나서도 보존이 가능
②글은 의미의 보존이나 역사적 축적이 가능한 언어 표현의 한 수단
③'말하기'가 상황적이며 비교적 공동체적으로 완성되는 언어 표현 방식이라면, '글쓰기'는 필자 개인의 독자적인 시공간 속에서 이뤄진다는 특성이 있음
④글을 쓸 때는 말과 달리 전혀 다른 시공간 속에서 불특정 다수의 독자들에게 의미가 충분히 전달될 수 있도록 해야 함
⑤비타협적이고 우호적이지 않을 수 있는 독자의 입장에서도 설득력 있게 이해될 수 있도록 고도로 숙련된 언어 표현 능력이 요구됨

학 과		성 명	
학 번		실시일	

1. 본문의 내용을 토대로 음성(말)과 문자(글)의 장단점에 대해 각각 기록해보자.

→교재 p.16

2. 본인이 선호하는 언어적 표현 방식을 말하고 이유를 써보자.

3. 선택하지 않은 언어적 표현 방식에서 본인이 부족한 부분은 무엇인지 써보자.

제2절 글쓰기의 목적과 효용

글쓰기는 교양인이 갖추어야 할 기본적 자질인 창의적이고 논리적인 사고력, 언어능력을 집중적이고 체계적으로 배양할 수 있는 최선의 방법

①글쓰기는 대학 생활에 필요한 학문적 활동으로부터 학과 과목의 수강에 필요한 각종 보고서의 제출에 이르기까지 거의 모든 언어 활동과 사유의 과정 전체에 걸쳐 있음
②읽기는 소극적으로 텍스트의 의미를 찾는 것에서 출발하여 적극적으로는 그 의미를 바탕으로 창의적인 해석을 하거나 글쓰기로 연결됨
③글쓰기는 기초 학문의 세계를 보다 충실하게 습득할 수 있도록 하나의 과정을 제공함

학 과		성 명	
학 번		실시일	

1. 교재의 예문들을 통해 교양의 의미를 생각해 보고 '대학 생활의 교양'에 대해 써보자.

→예문 교재 p.21

2. 본인이 이번 학기 수강하고 있는 교양 과목들을 열거하고 선택한 이유에 대해 써보자.

예문

K에게

최근 한국사회는 미투 운동(#me too)이 확산되면서 남성중심주의의 사회적 위계 구조와 관련한 유무형의 억압에 대한 래디컬한 비판과 성찰의 과정을 밟고 있습니다. 각종 개인 미디어의 발달은 그동안 공론화할 수 없던 문제들을 사회적 공론의 장 수면 위로 부상시켰습니다. 그리고 대중들은 그에 대한 자신의 의견을 내놓으면서 해당 사안에 대한 여론의 흐름과 방향을 자연스레 형성하고 있습니다. 여기서, 우리는 촛불혁명을 경험했듯이, 최근 이 같은 움직임의 밑자리에는 한국사회에 켜켜이 쌓인 온갖 부정부패를 일소함으로써 한층 진전된 민주주의 사회를 향한 열망이 자리하고 있습니다. 이것은 넓은 의미에서, 한국사회가 비평을 삶과 현실의 차원에서 실천하는 것으로 볼 수 있습니다. 대단히 중요한 비평의 과제를 실현하고 있습니다.

(… 중략 …)

K씨,

저는 최근 고민이 있습니다. 저의 이와 같은 '비평의 공부'를 대학 강단에서 학생들을 향해 일방통행식으로 주입시키는 게 아니라 그들과 함께 '비평의 공부'를 신명나게 할 수 없을까 하는 점입니다. K도 잘 알고 있듯이, 한국사회의 대학가는 출세와 성공주의 신화에 붙들린 채 우리가 살고 있는 삶과 현실에 대한 웅숭깊은 비판적 성찰은 온데간데 없이 휘발되어 있고, 약육강식의 정글의 법칙을 아무런 비판 없이 순순히 따르며, 이웃의 어려움을 외면한 채 오직 자신의 존재 가치를 증명해보이기에만 혈안이 된 것처럼 보입니다. 저는 신명난 '비평의 공부'를 통해 학생들 스스로 '심미적 성찰'의 미적 태도를 배양했으면 하는 마음 간절합니다. '심미적 성찰'을 통해 우리가 사는 세상이 이웃과 더불어 함께 사는 아름다움의 가치를 서로 나눠가졌으면 하기 때문입니다. 그래서 '비평의 공부'는 문학을 비롯한 예술 작품을 단순히 아름다움의 대상으로 간주하여 그 아름다움을 정교하게 분석하는데 그치는 게 아니라 우리의 삶과 현실이 아름다워질 수 있는 길을 내는 것입니다. 물론 그 과정에서 피해갈 수 없는 게 바로 논쟁입니다. 그러고보니 K와 저도 논쟁을 피해갈 수 없었습니다. 그런데 많은 사람들은 이 논쟁을 곡해하고 있더군요. 논쟁을 저급한 수준의 단순한 싸움 정도로 생각하는 사람들이 대부분인데, 이러한 이해야말로 논쟁에 대한 매우 천박한 인식에 불과합니다. 저는 '심미적 성찰'을 통해 우리의 삶과 현실이 아름다워질 수 있는 길을 내는 게 중요하다고 말하는데, 이 길을 내는 과정은 순탄한 게 아닙니다. 길을 내기 위해서는 온갖 장애물을 회피하지 않고 그것을 슬기롭게 넘어서야 합니다. 장애물을 막무가내로 부정하고 파괴함으로써 그것을 없애는 게 아니라 장애물의 속성을 적확히 파악하고 이 길이 우리 모두의 삶을 상생시키는 것이라는 점을 충분히 납득시키는 과정이 동반되어야 합니다. 이 과정이 바로 논쟁이며, '비평의 공부'는 논쟁에 익숙하는 것이기도 합니다.

K씨,

곰곰 생각해보면, 우리 사회는 논쟁에 익숙하지 않습니다. 일상 속에서 서로의 입장이 부딪치는 게 너무나 자연스런 일이라면, 그 입장의 차이를 선명히 할 필요가 있습니다. 무엇이, 왜, 어떻게 다른지, 그 차이를 투명하게 밝히고, 서로의 견해를 충분히 나누면서 조율할 수 있는 것은 조율해냄으로써 창조적인 생성의 길을 모색해야 합니다. '비평의 공부'는 이러한 창조적 생성의 길을 내기 위해 논쟁을 기피하거나 두려워하지 않습니다. 타자를 배제하고 부정하는 게 아니라 타자와의 생산적인 긴장 관계를 통해 아름다운 삶의 길을 모색하는 게 바로 논쟁이기 때문입니다. 때로는 격렬하게 때로는 완미하게 진행되는 논쟁은, 논쟁 자체가 아예 없는 것보다 아름다운 삶의 지평을 모색하는 데 큰 도움을 제공합니다. 논쟁의 과정 속에서 타자의 존재와 그 가치를 새롭게 인식하고, 자기만의 독단적인 입장이 갖는 문제점을 냉철히 검토하게 되니까요. 물론, 타자와의 부딪침 속에서 자기갱신을 위한 소중한 계기를 갖기도 하죠. 그래서 저는 '비평의 공부'가 비평가인 제 자신에게도 중요하지만 학생들에게도 소홀히 할 수 없는 것이라는 생각을 지울 수 없습니다. 제게 소박한 바람이 있다면, 이러한 '비평의 공부'를 생활 속에 뿌리내리도록 하는 일입니다. 왜냐구요? 비평은, 비루한 삶의 틈새에서 아름답게 살고 있는 사람들의 꿈을 저버릴 수 없기 때문입니다. 비평은, 삶의 아름다운 가치를 추구하는 공부니까요.

- 고명철, 「신생의 삶을 향한 비평」, 『항공대신문』, 2018.3.19. 부분

1. 위의 예문을 읽고 '비평', '비판적 글쓰기'에 대한 본인의 생각을 써보자.

2. 최근 국내외에서 일어나고 있는 논쟁의 구체적 사례를 들고 그것에 대한 자신의 뚜렷한 입장을 써보자.

제3절 삶의 현장에 따른 글쓰기의 종류

삶의 과정만큼이나 글쓰기의 종류는 다양함

①글의 형식에 따른 분류
②글의 내용에 따른 분류
③글의 표현 방법에 따른 분류

학 과		성 명	
학 번		실시일	

1. 자신의 전공분야 필독서 및 저자에 대해 조사하고 한 권을 선택해 글쓰기의 특징에 대해 기술해보자.

2. 위의 내용을 토대로 자신의 전공 분야 글쓰기 과정에서 중점을 두어야 할 것들에 대해 기술해보자.

예문

　　조금 앞으로 나아가자 눈이 먼 늙은 거지가 앉아 있었다.

　　……대저 거지란 함은 낭만적인 존재이다. 낭만주의란 무엇인가. 물론 의견이 분분한 문제이기는 하지만 적어도 그 한 가지 특징은 중세나 유령, 아프리카나 꿈, 여자의 마음이나 신비로운 무언가에 대한 동경을 들 수 있다. 그렇다면 거지가 회사원보다 로맨틱한 존재임은 당연하다. 그런데 중국의 거지에 이르면, 이런 신비로움이 한두 가지가 아니다. 비가 내리는 거리에서 그냥 자고 있거나, 신문지 한 장을 몸에 걸친 채 석류처럼 안이 썩은 무릎 관절을 날름날름 핥고 있는 다소 미안할 정도로 기이하고 낭만적인 존재들이다. 중국의 소설을 읽어보면 난봉꾼이나 신선이 거지로 변신하는 이야기가 많은데, 이는 중국의 거지로부터 자연스레 발달한 로맨티시즘이 아닌가 싶다. 일본의 거지는 중국처럼 초자연적인 불결함을 갖추고 있지 않아서 그러한 이야기는 생겨나지 않는다. 기껏해야 쇼군 가의 가마로 숨어든다든지, 산속의 찻물을 대접하려 류리쿄(유리공)를 초대한다든지 하는 정도가 고작이다.……이야기가 너무 샛길로 빠졌지만, 이 눈먼 나이든 거지도 적각선인(赤脚仙人)이나 철괴서인(鐵拐仙人)이 변신한 듯한 모습이다. 특히 그 앞에 있는 바닥을 보니 비참한 그의 일생이 일필휘지 씌어 있는데, 필체가 나보다도 능숙하고 뛰어났다. 나는 누가 이런 대필을 해주는 것일까 궁금해졌다.

　　　　　　　　　　－ 아쿠타가와 류노스케, 곽형덕 역, 『아쿠타가와의 중국 기행』, 섬앤섬, 2016. 부분

1. 위의 글은 일본의 대문호 아쿠타가와가 1920년대 초 중국을 기행하여 쓴 『중국기행』 중 상해를 돌아보면서 쓴 글의 부분이다. 이 글에 녹아있는 중국에 대한 아쿠타가와의 견해를 써보자.

2. 본인이 여행한 국내외 여행지의 풍속 및 특색을 기술하되 자신의 견해를 덧붙여 써보자.

학 과		성 명	
학 번		실시일	

[제주 4·3 제70주년 범국민위원회] 제주 4·3은 대한민국의 역사입니다

북촌리는 국제법상 전쟁 중일지라도 엄격하게 금지하고 있는 제노사이드(genocide: 집단학살)의 대표적인 사례를 간직하고 있는 마을이다. 1949년 1월 17일, 4·3 당시 단일 사건으로는 가장 많은 인명이 희생당한 북촌리 주민 대학살 사건. 이 사건은 북촌국민학교를 중심으로 한 동·서쪽 밭에서 자행됐다.

이날 아침 세화리 주둔 제2연대3대대의 중대 일부 병력이 대대본부가 있던 함덕리로 가던 도중에 북촌 마을 입구에서 무장대의 기습을 받아 2명의 군인이 숨졌다. 그 후 무장한 군인들이 북촌마을로 들이닥쳤다. 군인들은 총부리를 겨누며 주민들을 내몰고는 온 마을을 불태웠다. 4백여 채의 가옥들이 하루아침에 잿더미로 변했다.

군인들은 군경가족을 나오도록 해서 운동장 서쪽 편으로 따로 분리해 나갔다. 이때 교문 쪽에서 총성이 들렸다. 한 어머니가 아기를 안은 채 싸늘히 식어갔다. 배고파 울던 아기는 죽은 어머니의 젖가슴에 매달려 젖을 빨고 있었다.

군인들은 남녀노소 가리지 않고 주민 몇 십 명씩을 끌고 나가 학교 인근 '당팟'과 '너븐숭이' 일대에서 사살하기 시작했다. 이 학살은 오후 5시께 대대장의 중지 명령이 있을 때까지 계속됐고, 북촌 주민 약 350여 명이 희생됐다. 이날 희생된 어린아이들의 시신이 묻힌 돌무덤이 지금 북촌리 4·3기념관 옆 속칭 '너븐숭이' 일대에 20여 기가 남아 있다.

이 사건으로 북촌마을은 후손이 끊긴 집안이 적지 않아서 한때 '무남촌'으로 불리기도 했다. 해마다 음력 섣달 열여드렛날이 되면 명절과 같은 집단적인 제사를 지내고 있다. 침묵과 금기 그리고 왜곡의 역사가 그 후로도 오랫동안 이어졌다.

제주 4·3의 상징인 조천읍 북촌리. 학살과 강요된 침묵, 그리고 '울음마저도 죄가 되던' 암울한 시대를 넘어 이제는 북촌리는 진실과 화해, 평화와 상생의 새 역사로 나아가고 있다. 정부는 이곳 '너븐숭이' 일대에 국비 약 15억8천만 원을 들여 위령비와 기념관, 순이삼촌 문학기념비 등을 마련하여 후세들의 산 교육장으로 활용하고 있다. 북촌리 4·3희생자유족회는 이곳에서 매년 음력 12월 19일 희생자들에 대한 위령제를 엄숙하게 지내고 있다.

– 김경훈, 「제주 4·3학살의 대명사, 북촌리」, 『제주 4·3은 대한민국의 역사입니다』 제3호, 2019. 부분

1. 위의 예문은 제주 4·3 70주년을 맞이하여 발간한 소식지에 실린 글이다. '너븐숭이'는 4·3학살이 일어난 곳 중 대표적인 학살터로 널리 알려져 있다. 예문에서도 읽을 수 있듯, 죽은 엄마의 젖을 물고 있는 어린애의 모습은 4·3의 참상을 단적으로 말해준다. 이 모습을 사실적으로 그린 강요배 화가의 '젖먹이' 그림을 인터넷에서 찾아본 후 그 그림에 대한 각자의 생각을 자유롭게 써보자.

2. 근현대사의 역사적 사건이 일어났던 장소를 직접 방문해 사진을 찍어, 세 장을 골라 제시하고 '사건'과 연관시켜 본인의 생각을 기술해보자.

학 과		성 명	
학 번		실시일	

1. 좋은 글을 쓰기 위해서는 자신의 장, 단점을 알아야 한다. 그리고 부족한 점을 파악해 고치면 더 좋은 글을 쓸 수 있다. 다음의 문항을 보면서 자신의 글쓰기에 대한 분석을 시도해보자. 자신의 문제가 무엇인가? 그것을 알면 고칠 수 있는 해결 방안도 찾을 수 있다.

다음 항목에서 자신에게 해당하는 내용에 ∨표 해보자.

(1) 글을 쓰기 위해 충분한 시간을 두고 깊이 생각한다. (　　)

(2) 글을 쓰기 전에 사전 준비를 하지 않고 바로 시작한다. (　　)

(3) 무엇에 대해 글을 써야 할지 막막할 때가 많다. (　　)

(4) 글을 시작하는 서두, 첫 문장이 어렵다. (　　)

(5) 생각이 문장으로 표현이 되지 않는다. (　　)

(6) 몇 줄 쓰고 나면 할 말이 없어진다. (　　)

(7) 개요나 구성을 짜기가 힘들다. (　　)

(8) 한 편의 글을 쓰는데 너무 많은 시간이 걸린다. (　　)

(9) 서론을 쓰는 것이 어렵다. (　　)

(10) 글을 쓰고 난 뒤에 보면 틀린 문장이나 오자가 많다. (　　)

(11) 글쓰기는 무조건 어렵고 힘든 작업이라 생각한다. (　　)

위의 질문 문항에서 자신의 어려움이 글쓰기의 어느 단계에 있는지 확인해보자.

자신의 문제가 글쓰기 전 단계인 발상의 과정에 있는가? 아니면 구체적으로 문장을 기술하는 쓰기 단계에 있는가? 자신의 문제를 깊이 있게 생각해 본 후 해결 방안을 찾아보자.

1. 심리적인 문제

글쓰기에 대한 두려움을 없애야 한다. (   )

단어나 어구가 아닌 완전한 문장 표현을 친근하게 여긴다. (   )

2. 글쓰기 전 단계

충분한 독서를 통해 지식을 쌓아야 한다. (   )

사물을 관찰하고 심사숙고하는 자세가 필요하다. (   )

글의 다양한 요소를 학습해야 한다. (   )

3. 글쓰기 단계

자신의 생각과 감정을 기술하는 문장 연습이 필요하다. (   )

글을 정성을 쏟아 진실하게 작성해야 한다. (   )

퇴고 과정을 꼼꼼하게 할 필요가 있다. (   )

1. 생각 만들기

1) 글감 찾기

화제와 주제는 다르다
화제가 혹은 생각이 곧 글이 되지 않는다
요컨대, '언어로 구성된 생각을 글쓰기의 방법에 맞춰 쓰고,
말하기의 규칙에 따라 말해야 한다

①일상생활의 경험에서 글감 찾기
②학문적 주제에서 글감 찾기
③사회적 이슈에서 글감 찾기

예문

　tvN 〈나의 아저씨〉에 대한 평가는 극과 극이다. 방영 초기, 현실 속 40~50대 남성의 권력을 지우고 아저씨들의 자기연민을 늘어놓는다는 비판(황진미)이나 이지안(아이유)과 구원자로서의 박동훈(이선균)을 운명적인 관계로 묶어내며 로맨스를 정당화하는 영상 문법에 대한 비판(박우성)이 주를 이뤘다면, 회차를 거듭할수록 "김운경 작가님이 젊어지시면 이런 느낌일까"라는 반응(유병재)이나 로맨스가 불가능한 신자유주의 한국의 삭막한 풍경을 잘 그려냈다는 평(문강형준)이 나왔다. 하지만 〈나의 아저씨〉에 대한 평이 극과 극인 것은 호평과 악평으로 나뉘기 때문만은 아니다. 두 입장의 비평은 놀라울 정도로 서로 다른 지평 위에 서 있다. 비판하는 쪽에서 이곳의 한국 사회에서 실제 아저씨들이 지닌 권력과 폭력이 지워져 있는 문맥을 문제 삼는다면, 옹호하는 쪽에선 드라마가 의도하고 실제로 꽤 잘 구현되는 상처 입은 삶들에 대한 위로를 이야기한다. 그렇다면 공통의 논의를 위한 질문은 다음과 같이 제기될 수 있다. 〈나의 아저씨〉에 깔린 아저씨 세대에 대한 연민의 기만성은 신자유주의적 자본주의 체제에서 고난받는 개인들에 대한 위로라는 주제의식 안에서 중화될 수 있는 것일까. 다시 말해 이 텍스트 안의 명백한 성맹적 (gender blind) 요소는 약점이되 지엽적인 것인가. 결론부터 말하자면 그렇지 않다.

　〈나의 아저씨〉와 비슷한 인물 구도를 갖춘 김원석 감독의 전작 tvN 〈미생〉과 비교해보자. "당신들이 술맛을 알아?"라는 오상식(이성민)의 대사는 직장인들의 심금을 울렸지만 여기엔 가정 바깥에서의 노동만이 고난처럼 그려진다는 점에선 어느 정도 성맹적 요소가 있다. 다만 직장인 사회에 집중하는 드라마 안에선 지엽적인 문제가 될 뿐이다.

　〈나의 아저씨〉는 그보다 훨씬 멀리 나간다. 이선균이 분했던 MBC 〈하얀거탑〉의 최도영을 오상식 자리에 앉혀놓은 듯한 박동훈은 민감한 양심 때문에 괴로워하면서도 억누르고 회사로 출근하는 인물이다. 형인 박상훈(박호산)이 한 건축업자의 옷을 더럽혀서 무릎 꿇고 비는 걸 어머니 변요순(고두심)이 보게 된 걸 안 동훈은, 해당 업자를 찾아가 "밖에서 당한 모욕을 가족은 모르게 해야 한다"고 부르짖는다. 그를 통해 간도 쓸개도 빼놓고 가족을 위해 희생하는 남성 '가장'에 대한 연민은 극대화된다.

　하지만 그의 아내인 강윤희(이지아) 역시 밖에서 활동하는 변호사이며 그런 그가 집에서 꼬박꼬박 동훈을 위해 밥을 차려주는 장면은 아무런 문제제기나 연민 없이 그려진다.

동훈의 휴대전화에 윤희는 이름이 아닌 '집사람'으로 저장되어 있다. 자본주의 정글에서 탈락해 백수로 지내면서도 꼬박꼬박 어머니 요순이 해주는 밥을 당연하듯 먹고 있는 상훈은 어떠한가. 여성은 전문직이어도 남편의 밥을 해주고, 남성은 백수가 되어도 여성이 해주는 밥을 먹는다. 가부장제 안에서 '가장'으로서의 남성이 자본주의하의 세상에서 시달리는 건 사실이다. 하지만 바로 그 자본주의 체제라는 것이 여성들을 가사 노동에 갈아 넣어 유지되는 시스템이라는 사실에 대해 드라마는 놀랍도록 침묵한다. 드라마 안에서 울분을 토해내는 건 오직 남성들이다.

직장인 남성에 대한 이야기를 하는 것과 직장인 남성만 발언할 기회를 주는 것은 전혀 다른 차원의 문제다. 〈나의 아저씨〉는 후자다. 이러한 비대칭성은 굳이 현실 40~50대 남성이 지닌 성별 권력을 언급하지 않더라도 이미 텍스트 안에서 하나의 권력으로 기능한다. 〈미생〉의 장그래-오상식 구도와 흡사하면서도 다른 이지안-박동훈의 관계는 이 차이를 잘 보여준다. 처음부터 정서적 이입이 가능했던 장그래와 달리 지안은 속을 알 수 없는 존재이며, 어떤 의미로든 호감 가지 않는 인물이다. 무례하며 범법 행위도 쉽게 저지른다. 〈나의 아저씨〉는 그런 지안을 시청자에게 이해시키기 위해 동훈이라는 우회로를 거친다. 모두가 지안의 위악을 이해하지 못할 때 동훈만이 동료들을 향해 더 정확히는 시청자를 향해 지안을 위해 변명해준다. "상처 받은 아이들은 너무 일찍 커버려"라고. 동훈과 건축업자와의 실랑이를 도청하던 지안이 가족에 대한 동훈의 말을 들으며 자신이 할머니를 위해 살인을 무릅쓴 순간을 떠올리는 것도 마찬가지다.

지안이 도청을 통해 동훈을 속속들이 알 수 있는 반면 동훈은 그럴 수 없다는 것은 서사적 트릭일 뿐이다. 정작 도청을 통해 동훈에게 감화되는 것은 지안이며, 지안의 속을 간파하고 드러내는 것은 동훈이다. 20대 여성 지안이 겪는 혹독한 삶은 기성세대인 동훈의 자상한 시선을 통해서만 이해될 수 있다. 이 과정은 일면 따뜻하고 휴머니즘적이지만, 모든 정서적 이입이 동훈을 통해서만 가능하기에 지안이 겪는 부조리한 현실조차 동훈의 주관적 관점 안에서 쉽게 상호이해 가능한 것이 되어버린다.

하여 〈나의 아저씨〉의 강점으로 이야기되는 상호이해와 화해, 치유의 서사는 특유의 성맹적 약점 안에서 오히려 기만적인 효과를 만들어낸다. 충분히 멀리서 보면 모두들 신자유주의 체제에서 각자도생 중이며 서로 도와야 할 이들인 건 맞다. 하지만 동훈의 말대로 이 세상이 지옥이라는 것이, 모두가 감수해야 할 고통과 불의가 공평하다는 뜻이 되는 건 아니다. 각자도생의 시대에 더 많은 불의를 감수해야 하는 건 파견직 20대 여성이 맞다. 자신에게 키스하려 했단 이유로 지안을 바로 회사에서 자르려 한 동훈의 행동은 어떻게 봐도 월권이자 남의 밥줄을 건 폭력이지만 드라마 안에선 지안의 생존 능력을 보여주기 위한 맥거핀으로 활용될 뿐이다. 모두가 힘든 신자유주의 세계에서도 유독 파견직의 목숨은 파리 목숨이라는 것, 당장 사내 정치에서 밀려 고난을 당하며 억울해 죽겠다는 표정을 짓는 40대 남성도 단지 여성의 "단정치 못한 품행"을 근거로 젊은 파견직 근로자를 자를 권력이 있다는 것은 제대로 논의되지 못한다.

박해영 작가의 전작 tvN 〈또 오해영〉에서 줄곧 등장했던 '여적여'(여자의 적은 여자) 구도가 불평등한 구조에 대한 인식을 대체하는 건 그래서 우연으로 보기 어렵다.

회식 자리에서 여성이 당연한 듯 고기를 굽는 상황에서도 갈등은 여성 대 남성이 아닌, 파견직이고 더 나이 어린 지안이 고기를 굽지 않는 것에 대한 여성 직원의 분노로 표출된다. 남편보다 잘나가는 여성에 대한 사회적 미움의 정서는 가부장제에 대한 문제제기가 아닌 윤희에 대한 요순의 불편함으로 그려지며, 이혼 후 도준영(김영민)과의 결혼까지 염두에 뒀던 윤희의 정상 가족을 이루지 못하는 것에 대한 과도한 두려움 역시 남성들은 지워진 채 지안에 대한 윤희의 적대로 드러난다. 동훈 삼형제로 대표되는 '나의 아저씨들'은 자신들이 눌러 앉은 구조적 우위에 서서 구조적 약자인 여성들끼리의 싸움을 멀뚱멀뚱 쳐다보는 한에서 무해하게 그려진다. 이 드라마가 사랑이 아닌 사람의 이야기를 꽤 야심차게 그려내려 한 건 맞다. 하지만 그 아저씨들이 젠더 권력과 경제 권력의 맥락에서 벗어나 오직 사람의 얼굴로 등장하기 위해선 그들이 여성을 착취하며 누리고 있는 많은 것들을 모르는 척해야만 한다. 이 선택적 무지를 과연 휴머니즘이라 칭해도 될까.

– 위근우, 「'나의 아저씨', 모두를 위한 지옥에도 불평등은 있다」, 『경향신문』, 2018.4.27.

1. 예문의 글감은 일상생활에서 흔히 접하는 TV 드라마이다. 그런데 이 글을 쓴 이는 그저 TV 드라마를 소개하거나 평하는 정도에서 그치지 않고 한국 사회에서 이뤄지고 있는 '페미니즘', '여성주의'의 이슈를 글감 속에서 이끌어 내고 있다. 그 사회적 이슈들의 세부 사항들은 무엇인지 차근차근 정리해보자.

2. TV 프로그램과 영화를 포함하여 일상생활에서 자주 접하는 대중문화 텍스트들 가운데 하나를 선정하여 그 안에서 추출해 낼 수 있을 학문적 주제나 사회적 이슈를 생각나는 대로 써보자.

　베를린에서 열린 작가 회의에서 인터넷 시대의 저작권에 대한 토론이 있었다. 지금으로서는 저작권 시효가 지난 고전 텍스트나 〈자발적인〉 현대 작가의 텍스트만 인터넷에 올려 져 있다. 만약 어느 테러리스트가 인기 있는 작가의 방금 출판된 책을 인터넷에 올려 놓는다면 고발당할 수 있다. 하지만 그걸 확인하는 데 얼마나 많은 시간이 필요한가? 2~3일만 방치해 두어도 수백만 명이 벌써 공짜 책을 갖게 된다.

　물론 호메로스를 멋진 책으로 읽는 것과 자꾸 손에서 떨어지는 프린터 용지로 읽는 것은 서로 다르다. 하지만 대중 소설은 주로 침대에서 읽는다. 아마도 침대 테이블에 인쇄용지들을 올려놓고 읽은 다음 내버리는 것이 더 편리할지도 모른다. 많은 사람들이 한 번 읽고 버리는 보급판을 사기도 하니까 말이다. 더군다나 새로운 프린터는 인터넷에서 텍스트를 내려 받아, 페이지를 매기고 제본하여 제공할 것이라는 말도 있다. 그 정도라면 해적판을 공식 책보다 싸게 만드는 것은 시간문제이다. 만약 그런 일이 일어난다면, 출판업자는 해적판이 나올 책을 인쇄해서는 전혀 이익이 없을 것이다.

　언젠가 나는 내 책을 출판했던 미국의 어느 출판사(재정이 매우 궁핍하여 증정본도 보내지 않는 대학 출판사)가 캘리포니아의 어느 교수를 고발하려 한다는 것을 알았다. 학생들에게 내 책을 서른 부 복사하도록 했다는 것이다. 나는 편집장에게 그냥 내버려두라고 부탁했다. 돈 몇 푼보다는 서른 명의 독자가 더 나으니까. 하지만 나는 속물이었고, 편집장은 진지한 사람이었다. 그런 원칙의 문제에 바로 자신의 생존 문제가 달려 있으니까 말이다.

　1960년대 말 피델 카스트로는 저작권이 문화의 자유로운 보급을 침해한다고 주장하였다. 하지만 현대에 저작권이 다른 민주적 권리들과 함께 힘겹게 확립된 것은 결코 우연이 아니다. 그것은 문화의 자유에 대한 보장이다.

　저작권이 없어도 좋은 사람은 누구인가? 우선 젊든 나이가 많든 인정받지 못한 많은 작가들이다. 단지 자신을 알리기 위해 글을 쓰는 사람들이다. 지금까지 그들은 오히려 돈을 받는 별로 진지하지 않은 출판사들, 아니면 돈을 지불하지 않는 아주 진지한 잡지들에 글을 썼다. 그들에게는 여러 가지 강요를 받을 필요도 없이 자신의 텍스트를 인터넷에 보급할 수 있다는 것은 최고로 바람직한 일이다. 마찬가지로 과학 분야에서도 책을 1백부

출판하기 위해 돈을 지불하거나, 또는 지극히 제한된 범위에만 유포되는 잡지에 공짜로 출판하는데, 별쇄본 비용을 저자에게 떠맡기기도 한다. 게다가 그 모든 것이 몇 년 동안 늦어지기도 한다. 그런 학자들에게 곧바로 텍스트를 인터넷에 올려 자신의 연구를 알릴 수 있다는 것(1백 명이 아니라 수천 명에게, 또한 2년 후가 아니라 즉각 알리는 것)은 하나의 은총이다. 여기에는 문제들도 있다. 텍스트들을 선택하고 거르고 저장하는 사람은, 인터넷에서 그 텍스트가 사라졌을 때 인용하려면 어떻게 해야 할까? 그런 불편한 문제들을 어떻게 해결할지 두고 볼 일이다.

이제 저작권이 없어서는 안 될 사람을 살펴보자. 첩보 사건이나 공포물을 팔아 부자가 되는 성공적인 소설가뿐만 아니라, 대규모의 진지하고 훌륭한 전문가 집단을 이루는 입문서 저자들까지 고려해야 한다. 그들은 명예를 얻기 위해 작업할 수도 있지만, 분명 어떤 경제적 이익을 얻으려고 몇 년 동안 작업하기도 한다. 만약 자신의 작업이 인터넷에서 공짜로 끝나게 된다는 무엇 때문에 시간을 낭비하겠는가? 아마도 좀 더 수입이 좋은 작업, 예를 들어 개인 기업을 위한 입문서 작업을 찾을 것이며, 반면에 인터넷에는 그 입문서를 아무에게도 팔지 못하는 사람을 위한 충고를 올릴 것이다.

그렇다면 이제 수상쩍은 〈예술가들〉을 살펴보자. 시인들을 말하는 것이 아니다. 시를 써서 살아갈 수는 없으니까. 바로 소설가, 희곡 작가, 평론가, 음악가들이다. 그들은 명예를 위해 작업하지, 저작권을 위해 일하는 것은 아니라고 치자. 그러기 위해서는 잘 작업해야 하는데, 집안이 부유하지 않다면, 누군가가 숙식을 제공해 주어야 할 것이다. 그렇다면 결국 몇 세기 뒤로 거슬러 올라가 궁정 시인으로 돌아가게 된다.

하지만 궁정 시인은 자신을 돌봐 주는 영주에게 무엇인가 대가를 지불해야 한다. 그 당시에는 아리오스토가 자신의 서사시를 〈에르콜레의 후손〉에 대한 찬양과 함께 시작하는 것은 당연해 보였다. 전혀 나쁠 것이 없다. 베르길리우스 역시 아우구스투스에게 아첨하였다. 하지만 만약에 미래의 파솔리니가 베를루스코니의 남성적 아름다움을 찬양하고, 미래의 모라비아가 아녤리의 권태에 대해 다루고, 파베세가 에이나우디 가문의 신화적 기원에 관한 대화를 쓴다면 좋겠는가?

저작권은 아무리 저속해 보일지라도 글을 쓰는 사람에게는 자유의 보장이 된다. 인터넷 시대에 그런 보장책을 어떻게 지킬 것인가 하는 것은 또 다른 문제이다.

－움베르트 에코, 김운찬 역, 「인터넷 시대의 저작권」, 『책으로 천년을 사는 방법』, 열린책들, 2009. 부분

1. 예문은 Ctrl+C, Ctrl+V로 상징되는 손쉽게 무한 복제가 가능해진 인터넷 시대 저자의 저작권 문제가 무엇을 의미하는지 다룬 글이다. 쉬운 복제가 가져온 부작용 중 대표적인 것이 표절 문제라 할 수 있을 것이다. 글의 저자가 예로 든 상업적 목적을 둔 출판업자들 말고 대학생들을 비롯한 일반인들이 쉬운 복제, 표절 문제에 직면했을 때 고려해야 할 윤리적 문제는 무엇인지 각자의 생각을 써보자.

2. 표절 문제는 대학생이라면 누구나 한두 번은 직간접적으로 경험했음 직한 일들 가운데 하나다. 이처럼 대학 생활 동안 실제로 겪은 혹은 겪을 만한 일들 가운데 글감으로 쓸 만한 것을 찾아보고 그에 대한 자신의 문제의식을 써보자.

1. 생각 만들기

2) 생각의 실마리를 찾아서

글감에 자신의 주장 혹은 의견과 이유를 보태야만 의미 있는 생각이 된다

①주제문 = 주장 + 근거
②주제문 = 의견(생각) + 이유

자유연상
①한 가지 문제에 대하여 다양한 아이디어 생성해내는 방법
②한 주제에 대하여 끊임없이 연상하여, 모든 경우를 모으는 것

학 과		성 명	
학 번		실시일	

1. 아래 그림을 기초로 하여 사회 관계망 서비스 SNS를 통해 곧 잘 퍼지는 가짜뉴스의 문제점에 대한 글을 쓰고자 하는데, 자신의 생각을 브레인스토밍 방식으로 써보자.

@. 님에게 보내는 답글
문███은 고개도 못들고 요렇게 김영철은 한손은뒤로
똑바로서서 악수하는데 문███은 고개를 90도로 숙이고
왼손은 앞에 모셔놓고 악수하는데 감히? 얼굴이나
봤겠습니까?...ㅉㅉㅉ

2018. 2. 26. 오전 8:56

리트윗 9회 마음에 들어요 5회

_____

_____

_____

_____

_____

2. 위에 적은 내용들을 정리하여 글에서 다룰 핵심 문제를 정해보자.

학 과		성 명	
학 번		실시일	

1. '대학 생활'에 대해 떠오르는 단어들을 다음 빈 칸에 써보자.

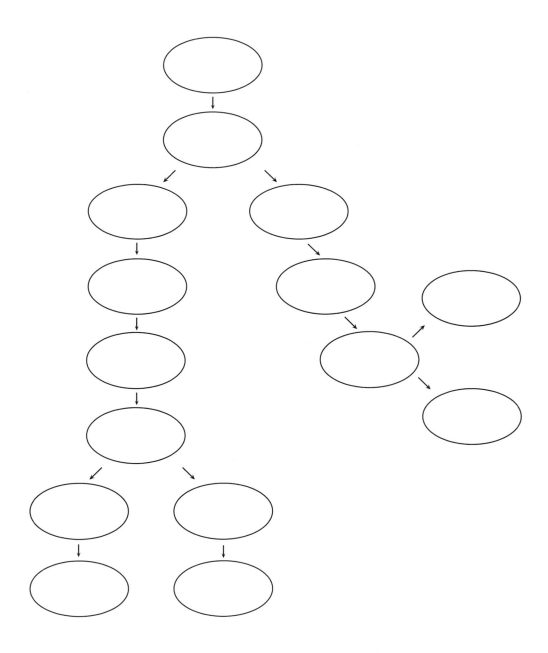

예문

　'미국 지성계의 여왕'으로 불린 수전 손택은 1993~1995년에 사라예보에서 보낸 시간을 떠올리며 전쟁 보도사진을 다룬 책 한 권을 썼다. 〈타인의 고통〉이라고 이름 붙여진 이 책에서 그녀가 쓴 것은 모두를 울부짖게 만드는 사진의 '뜨거움'은 아니었다. 오히려 사진이란 그것을 보며 연민할 수 있는 이들의 알리바이일 수 있다는 것, 즉 사진의 '차가움'과 '우울함'에 대한 것이었다. 이 책에서 그녀가 잘 지적하듯, 우리에게는 이미 사진이라는 매개체를 통해 '타인의 고통'을(멀리서) 성찰할 수 있는 기회가 수없이 많다. 아니, 스펙터클로만 현실을 인지한다고 할 수 있을 정도로 '고통의 이미지'는 범람하며, 그이미지들은 각각의 고통을 그저 그런, 대동소이한 것으로 만든다. 그리고 그걸 보는 이들은 타인의 고통을 소비하는 구경꾼, 겁쟁이, 관음증 환자가 된다.

　그럼에도 터키 해안가로 떠내려온 시리아 난민 아일란 쿠르디의 주검을 담은 한 보도사진은 많은 이들의 마음을 울린 '뜨거운' 사진이 됐다. '네이팜탄 피폭 소녀'를 찍은 후인 꽁웃의 사진처럼 두고두고 회자될 이 사진은 유럽시민들에게 난민 인권의 중요성을 단번에 환기시켰고, 결국 난민 수용에 대한 전향적 조치를 이끌어내기까지 했다. 유럽시민들로 하여금 난민들에게 담요와 음료수를 가져다주고, 자기 집을 개방하게까지 한 이 사진의 마법은 무엇일까. 손택은 말했다. 실제의 공포를 촬영한 이미지를 쳐다볼 때에는 충격과 더불어 '수치심'이 존재한다고. 그것을 쳐다볼 수 있는 권리를 지닌 사람은 그 고통을 격감시키려 뭔가를 할 수 있었던 사람, 혹은 그 고통에서 뭔가를 배울 수 있었던 사람밖에 없다고.

　그런가 하면, 어떤 사진들은 여전히 '그토록 필사적으로 보려고 하는 것은 무엇인가'를 되묻게 한다. 지하철에서, 화장실에서, 학교와 영화관에서 여자들의 몸과 사생활을 몰래 찍은 그 사진들 말이다. 우습지만, 초소형카메라가 발명됐을 때 떠올린 것은 정보 선진국들이 벌이는 은밀한 첩보전과 같은 세련된 스파이 서사였다. 그런데 지금 넥타이 핀 구멍보다 작고, 가격도 몇십만 원에 불과하다는 이 첨단의 카메라에 찍힌 것은 그저 무수한 여자들의 살점이다. 여기에는 그 어떤 공상과학적 로망은 물론 일말의 에로티시즘조차 없다. 그것들은 한낱 개인의 정보력을 과시하고, 글 조회수를 올리며, 장당 몇 십 원에 팔리기 위해 전시될 뿐이다. '몰카를 찍지 마세요'가 아니라 '몰카를 조심하세요'라며 피사체(피해자)에게 주의를 당부하는 이 나라에서 '본다는 것'의 수치심을 묻는 일은 차라리 사치 같다. 하지만 묻자. 이것은 왜 '인권'의 문제 혹은 숙고해야 할 '타인의 고통'이 아니란 말인가. 다시 손택의 말. 그녀는 카메라란, "사진을 찍는 사람이 사진에 찍히는 사람에게 아무런 책임도 지지 않은 채, 도덕적 한계와 사회적 금기를 넘나들 수 있게 해주는 일종의 여권"이라고 썼다. 아마 그녀는 피사체의 공포 속으로 뛰어들지 않는 사진의 욕망과 윤리에 대해 암시하려 했던 것 같다. 그렇다면 무방비상태로 닥쳐오는 수많은 '고통의 이미지'들과 '이미지의 고통' 앞에서 우리는 뭘 할 수 있을까. 당장 할 수 있는 일이 있다. 난민협약 가입국으로서 한국의 유명무실한 '난민법'의 실효화를 촉구하는 일, 그리고 '100만 회원'을 자랑한다는 불법 성인사이트 '소라넷'의 폐지를 요구하는 서명운동에 참여하는 일.

– 오혜진, 「고통의 이미지와, 이미지의 고통」, 『한겨레신문』, 2015.9.13.

1. 예문을 쓴 이는 아무런 윤리적 부채감 없이 '여성의 몸을 대상화 하여 관음증에 열광하고 있는 한국 사회의 병증' 중 하나인 '몰카 범죄'에 대해 비판하며 한국에서의 인권'문제를 바라보는 시각에 대해 꼬집고 있다. 이를 위해 수전 손택의 시각을 빌어 우리가 타자를 바라보는 시각과 자세에 대해 어떤 고민과 실천을 해야 할지 말하고 있다. 구체적으로 어떤 문제들이 있고 문제에 대처하는 우리의 자세는 어떠해야 하는지 써보자.

_____

_____

_____

_____

_____

2. 적힌 내용들을 바탕으로 한 편의 글을 쓴다고 할 때 자유 연상법을 통해 글감과 핵심
문제를 구성해보자.

3. 낯설게 보기 방법을 활용하여 자신이 '젠더 문제'에 대해 어떤 시각을 가지고 있는지 간략한 글을 작성해보자. 예컨대 최근 한국 사회에서 벌어진 '성적 불평등' 문제에 대해 자신의 생물학적 성별을 잠깐 초월해서 각각 남성의 입장에서, 여성의 입장에서 문제적 사항을 대하는 사람처럼 설정한 뒤 근래 들어 일어난 일들을 써보자.

1. 생각 만들기
3) 가상적 주제와 관점 설정하기

1. 가상적 주제를 만든다는 것은 글감에 자기의견을 더한다는 말이다

가주제 = 글감 + 방법론

2. 추가되는 방법론
   ① 글쓴이의 관점
   ② 세계관
   ③ 이데올로기
   예) 실증주의적 방법론, 역사주의적 해석법, 정신분석학적 접근법, 페미니즘적 태도 등

학 과		성 명	
학 번		실시일	

　영국의 대표적인 역사가의 한 사람인 에릭 홉스봄은 최근 민족주의 연구에서 매우 중요하다. 민족주의의 주류적 해석이라고 할 '근대주의적 해석'의 주도 인물 가운데 하나이기 때문이다. 그는 민족이 근대 자본주의의 산물이고 민족이 민족주의를 만든 것이 아니라 민족주의가 민족을 만들었다고 주장한다. 민족이 인위적으로 만들어졌다는 것이다. 따라서 민족적 정체성은 대수로운 것이 아니며 쉽게 사라질 수 있다고 생각한다.

　또 많은 민족주의는 반동적인 지배계급이 정권을 유지하기 위한 수단으로 발전시킨 것이므로 관제민족주의의 성격이 강하고 따라서 억압적 성격을 가질 수밖에 없다고 생각한다. 게다가 이제 지구화 시대에 들어섰으므로 민족과 민족주의는 머지않아 사라질 것이라고 주장한다.

　그러나 이런 주장은 민족이 전근대 역사 속에서 발전해온 과정을 경시한다. 또 민족주의가 내부적 요인이 아니라 국가 사이의 경쟁이라는 외부적 요인에 의해 발전했다는 사실을 무시한다. 더 나아가 민족주의가 선진국의 억압에 저항하는 힘으로서 제3세계인들에게 아직도 큰 도덕적인 힘이라는 사실을 무시한다. 전형적인 유럽중심주의적 태도라고 할 수 있다.

　그러나 이런 사람만이 아니다. 그 정도는 다르지만 서양 역사가들의 거의 대부분이 알게 모르게 유럽중심적인 역사를 쓰고 있기 때문이다. 따라서 서양 사람들이 쓴 역사책에서 이런 점들을 주의하지 않으면 문제가 많이 생긴다. 그들의 잘못된 주장에 세뇌될 수 있기 때문이다. 따라서 서양 역사가들이 어떤 주장을 할 때 그 주장이 어떤 전제 위에 서 있는지, 그들의 주장 가운데 혹시 유럽중심주의 이데올로기가 숨어 있지나 않은지 주의 깊게 살필 필요가 있다.

－강철구, 「유럽중심주의 역사학은 누가 만들었는가」, 『프레시안』, 2017.10.25. 부분

1. 예문에 따르면 현재 우리가 알고 있는 '민족'이란 존재는 원래부터 그래 왔던 어떤 실체가 아니라 근대 이후 만들어진 '개념' 혹은 '이념'에 의해 인위적으로 만들어진 구성물이다. 이에 비추어 예문의 관점을 요약하자면 '민족은 실체가 아니라 만들어진 발명품'이라는 것이다. '한국 단일 민족 기원'이란 표제로 글을 쓰고자 할 때 위와 같은 관점을 차용한다면 그에 해당하는 사례들로는 무엇이 있을지 찾아보고, 이러한 관점이 지닌 장단점에 대해 써보자.

학 과		성 명	
학 번		실시일	

　세월호 참사 유가족인 안명미 씨는 지난해 3월 10일을 그렇게 회상했다. 안씨는 "당시 박근혜 전 대통령이 탄핵됐다는 사실 자체가 정말 기뻤다. 하지만 한편으로는 너무 아팠다. (탄핵 사유에) 우리를 왜 뺏을까. 그 아픔과 아쉬움이 아직도 남아있다"라고 밝혔다.

　박근혜 전 대통령의 탄핵 1주년을 맞아 4·16가족협의회와 4·16연대는 10일 오후 5시 광화문 세월호 광장에서 박근혜 탄핵 1년·세월호 참사 4년 광화문 시민문화제 '세월호 참사, 죄를 묻다'를 열었다.

　이날 사회를 맡은 김혜진 4·16연대 상임운영위원은 "지난해 3월 10일 박근혜 전 대통령의 탄핵이 인용됐지만 헌법재판소는 세월호 참사를 탄핵 사유로 받아들이지 않았다"라고 말했다. 헌법재판소는 대통령 권한 남용, 사인의 국정개입 허용 등을 박 전 대통령의 탄핵사유로 인용했지만, 세월호 참사는 인용하지 않은 바 있다.

　유가족들은 헌재의 판단에 아쉬움을 표하며 "박근혜 전 대통령을 세월호로 처벌하라"라고 외쳤다. 4·16가족협의회 유경근 집행위원장은 "아무리 많은 죄목들이 있더라도 박 전 대통령은 그 모든 것들을 뒤덮어버릴 만한 가장 나쁜 죄를 저질렀다"라며 "대통령으로서 마땅히 국민의 생명과 안전을 지키고 보호하는데 모든 힘과 총력을 기울이고 자원을 투입해야 할 의무가 있었음에도 하지 않았다"라고 지적했다. 이어 유 집행위원장은 "어느 죄목이 살인죄보다 큰 게 있느냐"라며 "30년이 아니라 즉각 처형해도 모자랄 죄목이다"라고 강조했다.

　박근혜 전 대통령이 탄핵된 지 1년이 됐지만, 적폐 청산과 세월호 참사의 진상규명이 더딘 점도 아쉬운 부분으로 지적됐다. 안명미 씨는 "진상규명이 너무 더뎌서 힘들다"라며 "우리 소원인데 앞으로 나아가질 않는다"라고 답답함을 토로했다.

　권영빈 선체조사위원회 1소위원장은 "박근혜 전 대통령이 물러가고 새로운 대통령이 왔다. 많은 것이 좋아지고 변화가 있었지만 너무 더디다"라며 "정부가 더 적극적으로 세월호 참사 진상 규명에 협조해주길 바란다"라고 호소했다.

　박래군 4·16연대 공동대표도 "1년 전 촛불 광장에 백만 명이 모여, 박근혜 정권을 끌어내렸다. 그런 변화를 만들어낸 유가족들과 시민 여러분들께 감사드린다"라면서도 "퇴진행동에서 낸 100대 개혁 과제 중 해결된 건 10%도 안 된다"라며 적폐청산과 세월호 진상규명이 더딘 것에 아쉬움을 표했다. 세월호 유가족과 시민들은 "끝까지 진상 규명", "책임자 처벌"을 외치며 문화제를 끝마쳤다.

한편 보수단체들도 이날 서울 도심에서 '박근혜 전 대통령 무죄 석방'을 요구하는 태극기집회를 열었다. 대한애국당은 이날 오후 2시 서울역 광장에서 '제45차 태극기집회'를 열고 '탄핵 무효'를 외쳤다.

해당 집회에는 조원진 대한애국당 대표, 윤창중 전 청와대 대변인, 서석구 변호사, 이규택 천만인무죄석방본부 공동대표 등이 참석했다. 이들은 '3·10 대한민국 법치 사망의 날'이라는 현수막이 붙은 연단에 올라 "박근혜 대통령", "진실은 밝혀진다", "무죄 석방" 등을 외쳤다. 태극기와 성조기를 들고 서울역 광장을 메운 집회 참가자들도 따라 외쳤다.

시위대의 환호를 받으며 마이크를 잡은 이규택 천만인무죄석방본부 공동대표는 "지난해 3월 10일은 헌법재판소 이정미 재판관을 비롯한 8명의 정신과 혼이 죽은 날이다"라며 "오늘은 법치가 망하고 헌법재판소가 죽은 지 1주년 된 제삿날이다"라고 외쳤다.

연단에 설치된 화면에 이정미 전 헌법재판소장 권한대행이 박근혜 전 대통령의 파면을 선고하는 장면이 나오자, 시위대는 야유했다. 일부 시위대는 욕설을 하기도 했다. '법치 사망'이라고 적힌 검은 리본을 옷에 단 시위대도 있었다.

일부 연설자들은 미투 운동을 폄하하기도 했다. 임덕기 전 건국회 회장은 "대한민국이 죽은 날인데(국민들이) 미투나 보고 있다"라며 "미투가 뭐냐. 나라 잃어버리는 거 아니지 않냐"라고 했다. 심리학과 교수라고 소개된 이규리 씨는 "미투운동이 벌어지고 있다. 이 정부가 더럽고 추악하고 지저분한 것이 낱낱이 드러나는 것이다"라고 주장했다. 마지막 발언자로 나선 조원진 대표는 "(문재인 정부) 집권 10개월 만에 대한민국은 다 망했다"라며 "대한민국이 망해갈 때 우리의 책무는 태극기를 들고 죄 없는 대통령을 구출하는 일이다"라고 외쳤다. 이어 그는 "박근혜 대통령은 죄가 없다고 목 놓아 외치자. 즉각 구출하자. 살인적 정치보복 중단하고 박근혜 대통령을 구출하자"라고 소리쳤다. 그러자 집회 참가자들도 태극기와 성조기를 흔들며 "대통령을 구출하자", "석방하라", "투쟁하자"라고 부르짖었다.

– 신지수, 「박근혜 탄핵 1년 '처벌'과 '무죄'로 갈라진 광장」, 『오마이뉴스』, 2018.3.10.

1. 예문에 제시된 '광화문의 서로 다른 두 가지 풍경'은 각각 무엇인지 찾아보자. 그리고 이처럼 쟁점이 되는 사회적 이슈에 대해 매번 광화문에서 서로 다른 관점으로 대립적 풍경을 연출하게 된 이유에 대해 추론하여 써보자.

2. 예문에 제시된 두 가지 풍경을 소재로 글을 쓸 경우 각각의 입장을 객관적으로 관찰하는 것이 한국 사회를 이해하는 데 어떤 역할을 하는지 써보자.

2. 자료의 수집과 편집

1) 자료 찾기

1) 도서관 이용법

　①통합검색보다 상세검색의 활용

　②적합한 검색어의 선별

　③검색 결과의 조절(많을 때→결과 내 검색; 적을 때→상위 개념으로 검색)

　④자료 부재 시, '관련 사이트 보기' 활용

2) 자료 찾기의 자세

　①일반적인 것 → 구체적인 것: 주제의 선정

　②가까운 대상 → 먼 대상: 논의의 심화

　③자료의 종류와 성격, 내용, 활용도 등에 따른 분류 및 정리:

　　입론의 방향 수정·보완 및 자료의 추후 활용

학 과		성 명	
학 번		실시일	

1. 아래 자료 카드를 완성해보자.

활용도	
자료의 분야	− 큰 분류: 인문과학 − 중간 분류: 사회문제 − 작은 분류: 문명과 인간성의 조건
자료의 형태	
서지 사항	올더스 헉슬리, 안정효 역, 『멋진 신세계』, 소담출판사, 2015.
핵심어	
중요 구절	
다시 검토해 볼 점	
연관 자료	
논평	
기타 활용 방안	

학 과		성 명	
학 번		실시일	

1. 아래 책의 한 꼭지로 자료 카드를 작성해보자.

김창환, 『헤르바르트』, 문음사, 2002.
월터 J. 옹, 임영진 역, 『구술문화와 문자문화』, 문예출판사, 2018.

활용도	
자료의 분야	- 큰 분류: - 중간 분류: - 작은 분류:
자료의 형태	
서지 사항	
핵심어	
중요 구절	
다시 검토해 볼 점	
연관 자료	
논평	
기타 활용 방안	

학 과		성 명	
학 번		실시일	

1. 전공 관련 서적 목차의 한 장에 대한 자료 카드를 작성해보자.

활용도	
자료의 분야	– 큰 분류: 인문과학 – 중간 분류: 사회문제 – 작은 분류: 문명과 인간성의 조건
자료의 형태	
서지 사항	
핵심어	
중요 구절	
다시 검토해 볼 점	
연관 자료	
논평	
기타 활용 방안	

2. 자료의 수집과 편집
2) 자료의 선택과 평가

1) 근거 자료로써의 활용도: 좋은 자료의 기본적인 조건

　①글의 목적에 부합할 것

　②글감과 주제를 뒷받침할 것

　③합리적이고 공정할 것

　④풍부하고 다양할 것

　⑤출처와 근거가 분명할 것

　⑥공신력이 있을 것

　⑦참신할 것

2) 주제와의 상관성: 자료 선별의 실제적인 기준

　①근거 자료로써 얼마나 활용도가 있는가

　②글의 주제와 얼마나 상관성이 있는가

3) 글쓰기의 전체적인 목적에 대한 적합성: 자료 활용의 최종적인 요건

학 과		성 명	
학 번		실시일	

1. 아래의 예문은 사회현상의 하나를 다루고 있지만, 매체 자체의 한계로 인해 다양한 사례나 대안 등에 대한 제시가 이루어지지 않았다. 아래의 글을 보다 밀도 있게 만들어 줄 자료의 목록을 작성해보고, 그것을 바탕으로 글을 어떻게 구성할지에 대해 생각해 보자.

> **예문**
>
> 최근 재벌(chaebol), 갑질(gapjil)에 이어 꼰대(KKONDAE)가 해외 언론에 보도 되었다. 영국의 공영방송 BBC는 2019년 9월23일 페이스북 채널을 통해 꼰대를 '자신이 항상 옳다고 믿는 나이 많은 사람'으로 소개하였다. 꼰대는 본래 나이든 아버지나 선생을 일컫는 은어였다. 그러다가 최근엔 나이와 상관 없이 특정한 태도를 보이는 이들을 일컫는 말로 통용되고 있다. 언론에서는 '꼰대가 되지 않는 3가지 방법', '꼰대와 어른의 차이' 등과 같은 소재들이 심심치 않게 보도되고 있다.
>
> 이른바 '꼰대 현상'이 우리 사회에 등장한 이유 중 하나는 시민 의식의 성숙이라고 생각된다. 우리 사회에서는 나이, 직책, 직위, 권위로 상대를 찍어 누를 수 있는 '강압적 소통'이 점점 사라지고 있다. 설득력 있는 근거 제시로 상대를 설득시키는 '합리적 소통'이 그 자리를 대체해 가고 있다. 이런 변화는 필자가 근무하는 대학에서 뿐만 아니라 사회 곳곳에서 관찰된다. 분명 우리 사회의 시민 의식은 이전과 달라지고 있다.
>
> 꼰대는 우선 설득력 있는 근거 없이 "나 때는 말이야…", "어디 여자가…" 등과 같은 주장을 통해 자신이 경험한 내용을 절대화하는 사람이다. 경험이란 사람마다 다를 수 있고, 공통 분모 같은 경험이 있더라도 사회 변화와 함께 변할 수밖에 없다.
>
> 그러나 합리적인 근거 제시만으로 꼰대를 면하기는 힘들다. "여러분, 책을 많이 읽으시길 바랍니다"라고 선생님이 학생들에게 강조한다면 꼰대일까? 우선 독서가 우리에게 얼마나 긍정적인 영향을 미치는지에 대한 과학적인 연구 결과는 충분하다. 하지만 듣는 이의 상황을 고려하지 않고 시도 때도 없이 강조하거나 강요한다면 꼰대를 면치 못할 것이다. 아리스토텔레스가 말한 '실천적 지식'이 필요하다. 듣는 이를 배려하면서 적절한 때에 말하는 유연한 태도가 그것이다. 자기 주장에 대한 설득력 있는 근거와 상대의 상황을 배려하는 배려심만 있어도 꼰대는 면할 수 있다.
>
> – 김남호, 「김남호의 철학산책: 꼰대를 논하다」, 『경상일보』, 2019.12.1.

☞ 자료목록

☞ 구성방안

학 과		성 명	
학 번		실시일	

1. 아래의 예문을 잘 읽고 예문에 제시된 근거들이 글의 주제나 목적 등에 적절히 부합하는지 판단해보자. 그리고 글쓴이의 주장을 뒷받침하기 위해 더 필요한 자료가 있다면 어떤 내용의 자료들이어야 할지에 대해 정리해서 글의 결론을 각자 써보자.

예문

　페미니즘은 최근 몇 년 동안 대한민국을 지배하는 뜨거운 이슈 중 하나다. 강남역 살인사건이 여성혐오범죄인지 아닌지에 대한 논란부터 일부 온라인 페미니즘 활동가들의 '남성혐오' 논란까지.

　이런 상황 속에, 지난 3월 21일 UNDP에서 세계 188개국을 대상으로 한 2016년 인간개발보고서(Human Development Report)의 성불평등 지수(GII: Gender Inequality Index)는 논란거리다. 대한민국의 페미니스트들이 인용하는 세계경제포럼이 발표한 '성격차지수'(144개국 중 116위)나 이코노미스트가 집계한 유리천장지수(OECD 회원국 중 꼴지)와는 반대되는 결과인 것처럼 보이기 때문이다.

　조사결과에 따르면, 대한민국은 성불평등지수에서 10위를 차지해 작년(27위)에 비해 17계단이나 올랐다. 남녀동수내각을 구성한 캐나다(18위), 프랑스(19위) 등의 서구권 국가나 여성도 예외 없이 병역의무를 지는 것으로 유명한 이스라엘(20위)보다 더 높은 순위를 기록한 것이다.

　항상 성 평등에서 최하위를 기록하던 대한민국이 사실은 성 평등 국가였다니? 1년 사이 급격하게 성 평등이 실현된 것일까? UNDP의 성불평등 지수 항목을 살펴보았다.

　UNDP의 성불평등 지수는 5개의 항목을 지표로 사용한다. 출산사망률, 청소년 출산율, 여성의원비율, 중등교육 이상 여성인구와 남성인구 비율, 여성과 남성의 경제활동 참가율을 조사한다. 남녀의 평등한 정치참여와 경제참여는 어느 나라도 달성하지 못한 목표이다. 특히, 대한민국은 평등하지 않은 나라로 알려져 있다. UNDP의 조사 결과도 다르지 않다.

　대한민국 국회에서 여성의원이 차지하는 의석수는 16.3%로, 의원 6명 중 1명도 안 된다. 세계 평균인 22.5%(4.5명 중 1명)보다도 한참 낮은 수치이다. 남녀동수 의회가 이상적이지만, 거의 모든 나라의 의회는 남성중심으로 구성되어있다. 비교적 정치적으로 성평등하다고 평가받는 북유럽조차 2.5명 중 1명만이 여성의원이다.

여성의 경제활동 참여는 어떨까? UNDP는 다른 조사기관에서 이용하는 여성임원비율, 남녀임금격차 등 일자리의 질은 고려하지 않았다. 15세 이상 경제활동인구만을 기준으로 조사했을 때, 100위 이내 모든 국가에서 남성의 경제참여율이 여성보다 높았다. 한국의 경우, 여성경제참여율은 50%, 남성경제참여율은 71.8%로, 20%가 넘는 격차를 보인다. 남성과 달리, 여성 두 명 중 한 명은 경제활동에 참여하지 못하고 있는 것이다.

그렇지만, 대한민국이 가망성 없는 불평등사회는 아니다. 선진국을 중심으로 모성 사망비와 청소년 출산율, 여성중등교육비율 등 다른 지표들은 개선되고 있고, 한국도 그 중 하나이기 때문이다. 한국이 성불평등지수 10위라는 믿지 못할 결과도 이 지표들의 영향이 크다.

산모 10만 명당 사망자를 의미하는 '출산사망률'은 주로 저개발국가의 여성보건상황을 확인하는 지표로 활용된다. 최하위를 기록한 시에라리온의 경우, 10만 명당 1,360명이 사망하는 것으로 드러났다. 이는 산모 백 명 중 한 명 이상이 출산 중에 사망하는 것으로, 여성보건환경이 매우 열악함을 의미한다. 뛰어난 의료기반을 가진 선진 국가들의 출산사망률은 평균적으로 만 명당 한 명으로 집계된다. 한국도 이와 유사한데, 시에라리온에 비하면 백분의 일 수준이다. 아이슬란드, 핀란드, 그리스, 폴란드 등의 최상위권 국가는 사망률을 선진국가 평균의 삼분의 일 이하(10만 명당 3명)로 줄여나가며, 출산사망률 '0'에 도전하고 있다.

한국의 높은 교육열을 증명하듯, 여성중등교육비율은 인간개발지수(HDI) 상위 51개국과 비교해도 우수한 편이다. 25세 이상 인구 중 중등교육 이상 수료한 여성인구 비율은 88.8%, 남성인구 비율은 94.6%로, 상위 평균인 여성 88.4%, 남성 89.3%보다 높았다. 핀란드, 캐나다 등 교육선진국은 25세 이상 남녀 모두 100% 중등교육을 이수했다.

한편, 한국이 최고점을 기록한 항목도 있다. 만 15세에서 19세 사이의 여성 청소년 1000명당 출산을 조사한 '청소년 출산율' 항목에서는 1위(1.6명)를 기록했다. 낮을수록 더 성 평등함을 의미하는데, 청소년의 성적자기결정권을 잘 인정하지 않는 동아시아 문화권과 피임교육이 제대로 정립된 유럽 선진국은 10명 미만이다. 세계 평균(44.7명), 사하라이남 아프리카(103명)과 비교하면 매우 낮은 수치이며, 주로 조혼 풍습이 남아 있는 국가들이 높은 경향을 보인다. 청소년기의 출산이 여성의 능력개발과 사회참여에 매우 큰 영향을 미친다는 점을 고려하면, 낮은 청소년 출산율은 긍정적이다. 하지만, 청소년기에 엄마가 되면 막막하고 소외받는 삶을 살게 되는 대한민국의 현실을 보여주는 것만 같아 씁쓸함을 지울 수 없다.

– 백승호, 「이스라엘보다 한국이 더 성평등한 나라라고?」, 『오마이뉴스』, 2017.3.23. 부분

☞ 근거들의 적절성

☞ 더 필요한 자료 목록

☞ 결론

학 과		성 명	
학 번		실시일	

1. 아래의 예문은 19세기에 살았던 에르네스트 르낭의 저서에 대한 서평이다. 글쓴이의 주장이 무엇인지 검토하고, 그것에 찬성하거나 반대하는 입장에 섰을 때 필요한 현대의 자료 목록을 만들어보자. 이를 토대로 이 문제에 대한 각자의 결론을 구상해보자.

> **예문**
>
> "민족은 인종에서 유래하는 것도, 언어로 구분되는 것도, 종교로 결속되는 것도, 국경선으로 규정지을 수 있는 것도 아니다. 민족이란 언제든지 새로 생겨날 수 있으며, 언젠가는 종말을 고하게 되는 개념일 뿐이다."
>
> 근대국가가 성립하면서 본격 등장한 '민족'이란 개념은 인류에게 수많은 갈등을 부추겼다. 민족이란 이름 아래 다른 민족을 대량 학살하는 비극도 적지 않았다. 민족을 구성하는 요인은 무엇이고, 순수한 단일 민족이라는 것이 가능한 건가. 프랑스 철학자이자 언어학자인 에르네스트 르낭(1823~1892)이 이런 고민을 담아 펴낸 책이『민족이란 무엇인가』다.
>
> 르낭이 민족에 대해 연구하기 시작한 계기는 1870년 발생한 프랑스–프로이센 간 전쟁이었다. 전쟁에서 이긴 프로이센은 프랑스 베르사유 궁전에서 '독일제국'을 선포했다. 이와 함께 독일 민족주의가 전면에 부상했다. 독일은 게르만족이라는 혈통과 독일어라는 언어를 국가 구성요건의 핵심으로 삼았다. 르낭은 민족성의 원칙을 이렇게 인종과 언어에 두는 독일식 민족주의 원리가 틀렸음을 조목조목 반박했다. 종족이나 인종, 지리, 언어, 종교 등은 민족을 결정하는 조건이 아니라는 것이다.
>
> 르낭은 "민족이 종족에서 유래한다는 믿음은 무의미하다"며 "유럽만 봐도 이 믿음의 오류는 명백하다"고 했다. 유럽은 로마제국 지배를 받던 당시 하나로 묶여 있었고, 이 국경선 안에서 수많은 민족이 몇백 년간 뒤섞였다. 로마제국이 해체된 이후에도 많은 전쟁과 이동을 통해 민족이 혼합됐다. 따라서 프랑스인은 켈트족이기도 하고, 이베리아족이기도 하며, 게르만족이기도 하다는 것이다. 이탈리아는 갈리아인, 슬라브족, 에트루리아인, 그리스인 등이 섞여 있다고 봤다. 르낭은 "순수한 종족이란 존재하지 않기 때문에 종족에 입각한 민족이란 공상에 불과할 뿐"이라고 지적했다.

"유럽국가들, 여러 종족으로 뒤섞여"

언어가 민족 구성의 필수 요소라고 규정하는 것도 오류라고 했다. 같은 민족이 아닌 데도 영어나 스페인어를 쓰는 나라가 적지 않다는 것을 그 방증으로 들었다. 르낭은 "스위스는 서너 개의 언어를 사용하는 여러 인종집단이 합의를 통해 하나의 민족을 형성했다"고 강조했다. 또 "개인적인 양심 문제인 종교도 민족 형성의 충분조건이 되지 못한다"고 했다. 지리적 국경선, 즉 영토를 근거로 한 민족 구분도 의미가 없다. 같은 나라에 두 개 이상의 민족이 살 수도 있고, 전쟁 결과로 국경선이 달라질 수 있어서다.

민족에 대한 자각은 어떻게 일어나는가. 르낭은 "한 민족이 다른 민족의 억압을 받을 때"라며 "승리의 역사보다는 패배, 억압, 고통의 기억을 공유할 때 민족성이 생긴다"고 했다. 예컨대 영국의 끊임없는 위협이 프랑스인들에게 민족성을 일깨웠다는 것이다. 또 "나폴레옹의 저속하고 폭력적인 군사독재는 독일 지성인들을 공포에 떨게 했고, 이런 위협이 독일을 '게르만 민족'이라는 이름으로 뭉치게 했다"고 분석했다.

"공통가치 추구, 함께 살려는 의지 중요"

르낭은 "피히테가 나폴레옹에 맞서 단결을 호소한 '독일국민에게 고함'이라는 제목의 연설을 했는데, 이때의 '국민'은 게르만족을 가리킨다"고 했다. 독일 민족주의를 비판하면서도 나폴레옹이 그런 독일 민족주의 형성에 일정 부분 책임이 있다는 르낭의 지적은 프랑스 내에서 거센 논란을 불러일으키기도 했다.

르낭은 인종, 언어 등에 바탕을 둔 민족주의는 위정자들이 내부 단결 또는 다른 나라와의 전쟁을 치르기 위해 만들어낸 통치 이데올로기의 특성도 있다고 비판했다. 그는 "민족에 충성하는 애국주의는 갈등을 차단하려는 정치적 도구"라고 지적했다.

그렇다면 민족을 이루는 진정한 요소는 무엇인가. 르낭은 '의지 공동체'를 강조했다. 민족은 '인종과 언어·종교 등과 무관하게 함께 살고, 결속하려는 의지와 욕구를 가진 사람들의 집합'이라는 것이다. 구성원들의 자발적 동의도 기본 요소다. 때문에 "민족은 종족처럼 선천적으로 정해진 것이 아니라 새롭게 결성되는 것"이라고 규정했다.

미국을 예로 들면 인종적 측면에서는 민족이라고 할 수 없다. 하지만 르낭의 해석에 따르면 '인종과 관계없이 주권을 가진 존재들이 공통의 가치를 추구하며, 동일체라고 인식하는 것이 민족'이기 때문에 미국도 민족국가라고 할 수 있다는 것이다. 르낭은 "공동체 삶을 지속하려는 욕구, 각자가 받은 유산을 발전시키고자 하는 의지가 중요하고, 이런 것이 존중될 때 '열린 민족주의'가 된다"고 강조했다.

르낭은 민족은 선천적으로 정해지는 것이 아니라 구성원들의 주관적 의지로 결정되기 때문에 영원불변하는 집단으로 보지 않았다. 그래서 르낭은 "민족보다는 인간 그 자체를 생각해야 한다"고 강조했다. '민족'이라는 이름으로 경계 긋기에 몰두하던 국가들에 경종을 울린 것이다. 르낭은 책 뒷부분에 "르네상스 시대 사람들이 스스로를 프랑스인이거나 이탈리아인 또는 독일인으로 여기지 않았기 때문에 인류 보편적 문화를 창조할 수 있었다"고 했다.

– 홍영식, 「다시 읽는 명저: 에르네스트 르낭 『민족이란 무엇인가』」, 『한국경제』, 2019.11.11.

☞ 글쓴이의 주장 및 찬반 여부

☞ 현대의 자료 목록

☞ 결론(가안)

2. 자료의 수집과 편집

3) 자료의 편집과 글의 흐름에 대한 예상

1) 자료의 편집과 재구성
 ①자료 제시는 최상의 자료들을 엄선하여 난삽하지 않게 할 것
 ②자료는 활용 방식에 따라 글에서의 역할과 의미가 달라질 수 있음에 유의할 것
 ③자료를 재구성한다는 것은 자료 가운데 일부나 전체를 필요한 만큼 옮겨 오는
  것과 그렇게 따온 자료들을 자신이 쓰고자 하는 글의 흐름에 따라 온당하게 배치
  한다는 뜻

2) 사실과 의견의 판별
 ①글이란 일반적으로 글쓴이의 적극적인 의사 표현 행위의 결과물임
 ②사실을 기록한 자료와 주관적 관점이 개입된 자료를 분별할 것
 ③타인의 주관적 해석과 주장을 최대한 훼손하지 않고 글쓰기의 자료로 활용
  할 것

학 과		성 명	
학 번		실시일	

1. 다음의 예문들을 읽어보고 주제를 하나 정한 뒤, 글쓰기에 필요한 자료들을 뉴스나 블로그 등 인터넷 상에서 찾아내고 선별해보자.

※ 선별의 과정과 방법은 이론서의 "Ⅱ-2-1)-(1) 도서관 이용법"을 참고하자.

예문 1

　여하튼 서양의 동양에 대한 그러한 편견도 아이스큐로스나 단테의 시대로부터, 서양인에게 동양이란 자신들이 사는 공간과는 완전히 이질적인 공간으로 인식되었고, 애매함, 적대감, 무관함의 상징이었다. 인간정신은 이와 같이 이질적이고 애매한 이미지의 실체를, 일정한 이미지나 도식·어휘 등에 의해 표상하는 것에 훈련되어 자기에게 파악 가능한 것으로 만들고자 하는 경향을 띤다('상상의 지리'). 이러한 표상은 유럽의 전통 속에서 더욱 강화되어, 동양에 관한 특정한 이미지와 상투문장, 어휘, 형상, 관념, 도그마 등의 총체를 형성하게 된다. 예컨대 한국인이 바라보는 일본이라 것도 특수한 언어구조에서 나오는 이질적인 발음, 칼, 야만적인 모습, 뻐드렁니 등으로 조작되어왔고 그림이나 영화, 텔레비전에 이르기까지 적대적 상투성은 지속되어 왔다.

　이러한 상투적 총체는 서양인이 동양을 보는 경우의 렌즈-현미경이든 망원경이든-역할을 했으며, 그것은 근대적인 문헌학, 비교언어학, 문화인류학, 역사학 등 비교학문 등의 발전과 더불어, 전문용어나 직업적 관습 내지 조직이 확립되어 학술적인 훈련과 규율을 부과하였으며 나아가 그것을 제도화시키게 되어, 동양에 관한 모든 서술을 지배하는 획일적인 권위(진리)로 나아간다. 동양에 관하여 무엇을 쓰는 사람은, 이미 쓰여진 것을 인용함으로써 더욱더 그 권위를 강화시켜간다. 또 실제로 동양을 여행하고 동양에 거주하는 서양인들은 그들이 얼마나 상상력이 풍부하고 개성적이고 공감적이든지 간에, 역시 그러한 권위로부터 자유로울 수가 없고, 현지에서 자기의 눈으로 본 것보다도 그러한 권위를 믿게 된다. 이것은 동양이 특정한 권위에 의해 표상되고, 재구성되며 창조되는 과정 -'동양의 동양화'-이라고 할 수 있다. 그리고 그 이면에는 "동양인은 스스로 자신을 대변할 수 없고, 다른 누군가에 의해 대변되어야 한다"(마르크스)는 도그마가 숨어 있다.

　한편 그것은 열등한 동양에 대한 우등한 서양, 오리엔탈리즘에 대한 웨스터니즘 *Westernism* 내지 옥시덴탈리즘 *Occidentalism*을 형성한다. 이것은 사이드의 분석 밖에 있는 것이나 사실 오리엔탈리즘을 형성하는 서양의 정신구조가 그대로 동양에 이식된 것으로 생각하면 된다. 따라서 그 둘은 별개가 아니다.

- 박홍규, 「옮기면서」, Edward W. Said, 『오리엔탈리즘』, 교보문고, 2004(증보판). 부분

예문 2

하이데거의 입장에서 진정한 문제는, 범역적 재앙의 가능성을 포함한 그 존재적 차원에서의 생태 위기(오존층의 구멍, 만년빙의 녹아내림 등)가 아니라, 우리 주변의 존재자들과의 그 기술적 양태의 관계맺음이다. 이 진정한 위기는 예기된 재앙이 일어나지 않을 때 한층 더 근본적으로 우리에게 들이닥칠 것이다. 즉 중대 국면을 기술적으로 '정복'하는 데 인류가 실제로 성공을 거둔다면 말이다……. 바로 이런 이유로 하이데거는 또한 '열린' 사회와 '닫힌' 사회 사이의 긴장이라는, 혹은 인권과 자유를 존중하는 민주주의적 자본주의 체계의 '정상적인' 작동과 그것의 (파시즘적이거나 공산주의적인) 전체주의적 '과잉들' 사이의 긴장이라는 표준적인 자유주의적 문제틀의 철학적 적절성을 부인한다. 적어도 암묵적으로 하이데거는 체계를 제약하려는─체계의 '인간적 얼굴'을 유지하려는, 체계가 민주주의와 자유의 기본 원칙들을 존중하도록 강제하려는, 인간적 연대를 부양하려는, 체계가 어느새 전체주의적 과잉으로 빠져드는 것을 막으려는─시도를 그러한 과잉들 속에서 지각 가능해지는 체계의 내적 진리로부터의 도피라고 평가절하한다. 체계를 제어하려는 그런 열정 없는 시도들은 체계의 지평 내에 머무는 최악의 방식이다. 우리는 여기서 볼셰비키에까지 이르는 근대의 '급진적' 정치 담론에서 '히스테리'라는 기표가 수행한 핵심적인 전략적 역할을 상기해야 한다. 볼셰비키는 민주적 가치들의 필요성, 인간성에 대한 전체주의적 '위협' 등을 놓고 불평했던 반대파들을 '히스테리 환자'라고 하면서 몰아냈다. 동일한 선상에서 하이데거 또한 '인간의 얼굴을 한 자본주의'에 대한 자유─인도주의적 요구들을 비난했다. 세기적 진리를 그 일체의 견디기 힘든 근본성에서 대면하길 주저한다고 하면서 말이다. 볼셰비키와의 평행성은 전적으로 들어맞는다. 즉 하이데거가 혁명적 마르크스주의자들과 공유하는 것은 체계의 진리가 그 과잉에서 출현한다는 생각이다. 다시 말해서, 마르크스주의자들뿐만 아니라 하이데거에게 있어서도 파시즘은 자본주의의 '정상적' 발전의 단순한 이탈이 아니라, 그 내적 동학의 필연적 결과물이다.

- 슬라보예 지젝, 이성민 옮김, 『까다로운 주체』, 도서출판 b, 2005. 부분

투표의 순서에 따라 결과가 바뀌는 경우가 있다.

어느 날 3명의 친구(A, B, C)가 점심 때 무엇을 먹을지 이야기를 나누고 있었다. 점심의 후보는 카레, 메밀국수, 우동의 세 가지이다. 그래서 3명은 '민주적으로' 다수결로 정하기로 했다.

먼저 '카레와 메밀국수 둘 중에는 어느 것이 좋을까?'로 투표했더니 메밀국수 2표, 카레 1표로 메밀국수가 이겼다. 다음에 '승자인 메밀국수와 우동 둘 중에는 어느 것이 좋을까?'로 투표한 결과 우동 2표, 메밀국수 1표로 우동이 이겼다. 3명은 이 다수결 결과에 따라 우동 가게에서 점심을 먹었다.

이 결과에는 어떤 문제가 있을까?

이 투표는 얼핏 보면 민주적인 방법으로 보인다. 그러나 실은 중대한 문제가 있다. 예컨대 A는 '메밀국수>카레>우동'의 차례로 먹고 싶었다고 가정하자. 그리고 B는 '카레>우동>메밀국수', C는 '우동>메밀국수>카레'의 차례로 먹고 싶었다고 가정하자. 실은 이 경우에는 카레, 메밀국수, 우동 어느 것이나 승자가 될 수 있다.

앞서의 투표에서는 맨 처음에 '카레 대 메밀국수'로 했지만, 최초의 대결을 '카레 대 우동'으로 해 보자. 그러면 카레 2표, 우동 1표로 카레가 이기고, 다음에 '승자인 카레 대 메밀국수'로 투표하면 메밀국수 2표, 카레 1표로 메밀국수가 최종적으로 선택된다.

한편 최초의 대결을 '메밀국수 대 우동'으로 하면 우동 2표, 메밀국수 1표로 우동이 이기고, '승자인 우동 대 카레'에서는 카레 2표, 우동 1표로 카레가 선택된다.

위와 같은 '토너먼트 방식의 다수결'인 경우에는, 집단 구성원의 의사는 변함이 없는데도 투표를 하는 순서에 따라 결과가 바뀌는 일이 있다.

다수결의 결과로 '가장 나쁜 것'이 선택되는 경우가 있다.

다수결로 선택된 것이 가장 좋기는커녕 '가장 나쁘다.'고 판단된 예도 있다. 정말 그런 일이 일어날 수 있을까? 만약 그런 일이 일어난다면 민주주의의 근간을 뒤흔들 만한 문제이다.

7명의 친구(A, B, C, D, E, F, G)가 점심에 무엇을 먹을지 이야기를 나누고 있다. 점심 후보는 카레, 메밀국수, 우동 세 가지이다. 그래서 7명이 각각 '가장 먹고 싶은 음식'에 대해 다수결로 결정했다.

그러자 메밀국수가 3표, 카레가 2표, 우동 2표로 가장 많은 지지를 얻은 것은 메밀국수였다. 그래서 7명은 메밀국수를 먹으러 가기로 했다. 이 이야기를 들으면 아무 문제가 없는 것처럼 보인다. 그러나 잘 살펴보면 의외의 결과가 밝혀진다.

A부터 G까지 7명이 먹고 싶은 것의 순서를 정리하면 아래의 표와 같다. 앞서와 같은 다수결을 하면 메밀국수가 3표를 얻어 선택되는 것을 알 수 있다.

	메밀국수	카레	우동
A	1	2	3
B	1	2	3
C	1	3	2
D	3	1	2
E	3	1	2
F	3	2	1
G	3	2	1

그러면 다음으로는 '가장 먹고 싶지 않은 음식'을 다수결로 골라보자. 표를 살펴보면, '가장 먹고 싶은 음식'으로 선택되었던 메밀국수가 여기서도 4표를 얻어 선택되는 것이다.

이어서 이번에는 두 가지 메뉴를 가지고 어느 음식이 먹고 싶은지를 1대1로 비교해 보면 어떻게 될까? 이런 투표 방식을 '리그전 결선 방식'이라고 한다.

'메밀국수 대 카레'로 어느 음식을 먹고 싶은지를 전원에게 질문하면 3대 4로 카레가 이기는 것을 알 수 있다. 마찬가지로 비교하면 '카레 대 우동'에서는 카레가 이기고, '우동 대 메밀국수'에서는 우동이 이긴다.

즉 카레가 메밀국수나 우동보다 더 먹고 싶은 음식이었다. 한편 메밀국수는 어느 메뉴와 비교해도 '가장 먹고 싶지 않은 음식'이었다.

이렇게 보면 '최선'과 '최악'의 투표 결과가 일치하거나, 1대1로 비교했을 때 가장 높이 평가된 것이 선택되지 않고, 가장 낮게 평가된 것이 선택되는 경우가 생김을 알 수 있다. 이처럼 각 투표자가 합리적인 판단을 바탕으로 투표를 했는데도 불합리한 투표 결과가 발생하는 일이 있다.

투표가 가지고 있는 이 같은 성질을 최초로 밝힌 사람은 18세기 프랑스의 수학자·정치학자 콩도르세 후작(1743~1794)이다. 그리고 '리그전 결선 방식'으로 1위가 된 것을 '콩도르세 승자'라고 한다.

– 「투표의 패러독스」, 『Newton Highlight 127』, 아이뉴턴, 2019.

☞ 선택 주제

☞ 관련 자료 목록

☞ 선별한 자료와 그 이유

학 과		성 명	
학 번		실시일	

1. 자신이 쓸 글의 대략적인 흐름을 염두에 두고, 앞의 연습문제에서 얻은 결과물을 어떤 방식으로 배치하고 활용(해석)할 것인지를 구상해보자.

자료 1.

자료 2.

자료 3.

자료 4.

자료 5.

자료 6.

자료 7.

자료 8.

학 과		성 명	
학 번		실시일	

1. 아래 예문의 과정을 거쳐 자신이 쓸 글의 대강을 구상해보자.

> **예문**
>
> 1. 전공(입문)서 중 하나를 선택해서 참고문헌 목록을 확인하자.
> 2. 목록들에서 관심이 가는 주제를 찾은 후, 동일 주제를 다룬 자료를 선별하자.
> 3. 도서관 홈페이지에서 로그인한 다음, 화면 하단의 RISS(학술연구정보서비스) 링크를 클릭하여 이동하자.
> 4. '2'의 주제어로 학위논문·소논문·단행본·기사 등을 검색하여, 주제를 구체화하자.
> 5. '4'까지의 결과를 바탕으로 자신이 쓸 글의 대략적인 흐름을 작성하고, 각 자료를 어떤 방식으로 배치하고 활용(해석)할 것인지에 대해 써보자.

☞ 주제어

ㅤ

ㅤ

ㅤ

☞ 구체화된 주제어(글의 제목)

ㅤ

ㅤ

ㅤ

☞ 개요

☞ 자료의 배치와 활용(해석) 방안

3. 내용 조직하기

서론	글감, 주제, 문제의식, 핵심 문제, 핵심어, 관점, 범위 등 제시
본론	본론 1: 소주제문
	뒷받침하는 내용 근거 자료
	본론 2: 소주제문
	뒷받침하는 내용 ※ 근거 자료 더 보완할 것
	본론 3: 소주제문
	뒷받침하는 내용 근거 자료 ⋮ ⋮
결론	글 전체의 잠정적인 결론, 향후 과제

학 과		성 명	
학 번		실시일	

　2016년 겨울, 한국사회는 대변동, 대전환의 시기로 들어섰다. 늦가을부터 한 달 넘게 지속되고 있는 촛불시위가 몇 만에서 몇 십만으로, 그리고 마침내는 몇 백만으로 계속기록을 갱신하면서 전국적으로 확대되고 있다. 지역과 연령, 성별과 직업, 계급과 계층을 뛰어넘어 전 국민이 주말마다 이대로는 살 수 없다고 비명을 질러대고 있는 것이다.

　… 중략 …

　국민들은 입시와 취업, 승진 등에서 평생 끝없는 생존경쟁으로 내몰리고, 취업이 어려워 연애·결혼·출산을 포기할 수밖에 없으며(소위 '3포 세대'의 출현), 비정규직이 양산되어 취업하더라도 정상적인 삶을 이어 가기 어려운 처지에 빠진 노동자가 절반 이상을 차지하여 이제 대한민국은 저주받은 나라('헬조선')가 되었다. 그리하여 겉으로는 세계 10대 경제대국이라는 화려한 성과를 자랑하고 있지만 그 내부에는 치명적 문제가 도사리고 있다는 것이 속속 드러났다. 10년이 훌쩍 넘는 기간 세계 최고의 자살률을 과시하고 있고, 최저 출산율로 인구절벽을 마주하고 있으며, 다수 국민이 장시간 노동으로 삶 자체의 지속 가능성을 스스로 파괴하고 있는 현실이 그것을 입증한다. 두 달 가까운 기간 촛불시위가 지속적으로 확대된 것은 단순히 박근혜와 최순실의 부정·비리 때문만은 아니었던 것이다. 그것은 박정희식 경제성장 모델이 압도적 다수국민의 삶을 파괴하고 있다는 것을 국민들이 피부로 느꼈기 때문에 가능했던 일이라고 보아야 한다. 올 겨울에 진행된 촛불시위가 박근혜 대통령 탄핵을 이끌어 낸 것은 박정희식 '조국 근대화'가 진정한 근대화가 아니었다는 것을 전 국민이 함께 확인한 것이었다. 돌이켜 보면, 일제 치하에서 독립운동가들은 자본주의와 사회주의가 대립하고 있는 현실 속에서 민족협동전선을 추구하고 민족유일당 운동을 전개하면서, 독립 이후 신 국가 건설 노선과 관련하여 미국식 자본주의 국가도, 소련식 사회주의 국가도 문제가 많다고 보았다. 이러한 흐름 속에서 '조선학운동'이 전개되고, 다산 정약용의 실학사상을 계승한 우리식 근대화 노선을 정립하였다. 일제시기 독립운동은 숱한 독립운동가들의 희생 위에서 민족의 생존을 보장하는 진정한 근대화에 대한 깨달음을 얻게 하였다는 점에서 소중한 역사였다. 그렇지만 제2차 세계대전이 끝난 뒤, 한반도를 분할 점령한 외세에 의해 진정한 자주적 근대화를 추구한 세력은 압살되고, 남한과 북한에 미국과 소련을 모델로 하는 국가가 이식되었다. 박정희식 근대화 노선은 독립운동가들이 이념을 넘어서 합의하고 국민의 압도적 다수가 동의한 자주적 근대화 노선을 부정하고 외세에 의존하는 종속적 노선으로 대체한 것이었다. 21세기는 문명사의 전환기라는 인식이 확산되고 있다. 18세기 시민혁명과 산업혁명을 통해서 창출한 민주주의와 자본주의를 기반으로 삼고 세계사를 주도해온 서구 근대 문명이 그 수명을 다한 것을 보여주는 현상들이 전지구적 차원에서 일상적으로 확인되고 있다. 우리나라는 제2차 세계대전종전 이후 원조를 받던 나라에서 원조를 하는 나라로 전환된 유일한 국가이다. 이것은 우리가 서양 따라잡기에 성공했기 때문에 가능한 일이었다. 그러나 이제 그 치명적인 문제점이 드러난 상황에서 그 해법을 더 이상 서양에 의존할 수 없게 되었다는 것을 문명사의 전환기 담론은 말해주고 있다. 촛불혁명은 전 국민의 인간다운 삶을 보장하는 자주적 근대화 노선을 복원하고 완성시킬 것을 요구하고 있다. 20세기의 낡은 수출 주도불균형 성장 전략을 탈피하여 경제 민주화를 실현하고 복지정책을 시행하는 것이 바로 그것이다. 이로써 내수를 확대하고 고용을 창출하여 새로운 경제 선순환 구조를 창출해야 한다. 이를 위해서는 비정규직을 정규직으로 전환하고, 노동시간을 줄여서 새로운 일자리를 제공해야 한다. 그리고 개성공단을 즉각 재가동하여 남북 간 경협을 활성화하고, 나아가 만주와 시베리아로 진출하여 중국·러시아 등과 협력하여 새로운 성장 동력을 창출하라고 요구하고 있다. 이를 통해 동북아시아에 새로운 경제협력 모델이 출현한다면 오늘날 침체된 세계 자본주의의 새로운 활로가 될 수도 있을 것이다. 이러한 몇 가지 정책 변경만으로도 우리 국민 대다수의 삶이 현저하게 향상될 수 있다고 많은 경제전문가들이 전망하고 있다. 촛불혁명은 이처럼 전 국민이 함께 살 수 있는 길을 가로막고 있는 극소수 특권층의 부정과 비리를 쓸어버리라고 요구하고 있다. 또한 남한과 북한사이에 화해와 협력을 통해서 전쟁의 위험을 제거하고 한반도에 항구적 평화를 정착시키라고 요구하고 있다. 그것은 일제시기 독립운동가들이 합의하고, 압도적 다수의 국민이 지지했던 신 국가 건설 노선을 계승한 진정한 근대화를 통해서 문명사의 전환기에 새로운 문명의 대안을 창출하라는 요구이기도 하다.

– 김용흠, 「2016년 촛불혁명과 문명의 전환」, 『내일을 여는 역사』 65호, 민족문제연구소, 2016. 부분

1. 예문은 '2016년 촛불 정국'에 관해 쓴 글이다. 예문의 주제문과 개요(글감 등 항목별 형식으로)를 써보자.

2. 예문 전체의 흐름 방향을 써보자.

3. 예문의 결론을 써보자.

1. 단락 쓰기

1) 단락구성의 원리

단락을 제대로 이해해야 글 전체의 짜임새와 응집력을 확보할 수 있다

단락의 구성 원리
①일관성: 소주제문과 밀접한 연관을 맺고 있는 뒷받침 문장들이 있어야 한다
②연결성: 문장들 사이의 논리적 연결 관계가 자연스러워야 한다
③강조성: 단락마다 중심 생각을 부각해야 한다

학 과		성 명	
학 번		실시일	

1. 다음 단락은 대학 신입생이 지구의 환경 위기에 대한 생각을 서술한 부분이다. 밑줄 친 부분의 문장이 위 단락의 소주제문인데, 이 소주제문은 뒷받침 문장들과 긴밀한 연관성을 맺고 있지 못하다. 그러다보니 소주제문의 핵심이 뚜렷하지 않고, 단락의 의미 맥락에서 일관성이 결여되어 있다. 밑줄 친 소주제문의 의미를 뒷받침해주는 문장들을 새롭게 작성하여, 소주제문의 의미를 명확히 드러내보자.

예문

현재 인간의 역량으로는 지구 이외에 다른 곳에서 살 수 없다. 또한 현재의 환경에서 가장 진화가 빠르고 먹이사슬의 가장 꼭대기에서 군림하는 인간이 다르게 바뀐 환경에서 먹이사슬의 어디쯤에 위치할지는 아무도 예측할 수가 없다. 하지만 한 가지 예측이 가능한 것은 현재 지구의 환경에서 그 어떤 생명체보다 먹이사슬의 가장 위에 있으므로, 환경이 바뀐다면 지금의 위치보다는 낮아지면 낮아졌지 높아질 수는 없다는 것이다. 이미 각종 자연 파괴로 인해 인간에게 점점 불리한 환경으로 지구는 변화되고 있다. 심지어는 인간이 살 수 없는 환경이 되어 인간이 현재의 고래처럼 멸종위기에 처할 수도 있는 것이다. 때문에 우리는 우리가 더 군림하기 위하여, 또한 생존하기 위하여 환경을 보호하고 이대로 유지할 필요가 있다.

- 학생글에서

학 과		성 명	
학 번		실시일	

1. 맹목적으로 준비하는 대학 입시에 대한 비판적 사유를 드러내는 글이다. 그런데 글쓴이가 주장하고자 하는 글의 핵심을 논리적으로 부각시키고 있지 못하다. 문장이 자연스럽게 연결이 안 되는 이유를 생각해보고, 문장의 흐름을 매끄럽게 고쳐보자.

예문

　많은 사람들은 '수능(수학능력시험)' 점수가 인생을 결정짓는다고들 말한다. 그리고 학생들은 그 말을 당연하다는 듯이 받아들인다. 어느 누구도 100년이나 되는 긴 세월의 인생이 단 19년 만에, 아니 중, 고등학교 6년 동안 결정지어진다는 것에 대해 아무런 의심을 하지 않는다. 어쩌면 그럴지도 모른다. 매년 11월 중순부터 12월 중순까지는 '수능' 성적을 비관하는 학생들의 투신자살 뉴스로 떠들썩하다. 거의 연례행사나 다름없는 일이다. 기계처럼 공부만 하다 스무 살도 되기 전에 자살로 끝을 맺는 인생이 바로 '수능'이 만드는 인생이다. 그야말로 '인생의 무덤'이라 할 만 하다.

　그렇다면 과연 이 '인생의 무덤'을 계속 유지시켜 나가야 하는가? '수능'이라는 주입식 암기교육 시스템이 과연 세계 최고의 교육 시스템일까? 아닐 것이다. 우리나라의 교육열은 세계 최고 수준이고, 다른 나라 사람들에게 결코 뒤처지지 않는 재능을 가진 학생들로 바글바글하다. 그렇다고 해서 세계 여러 나라의 사람들과 비교했을 때, 우리의 지적 수준이 월등한가, 하면 그것도 아니다. 그렇다면 반드시 '수능'이라는 시스템을 유지해야 할 이유는 없을 것이라고 생각한다.

– 학생글에서

학 과		성 명	
학 번		실시일	

1. 다음 글에서 소주제문을 찾아보고, 소주제문을 부각시키기 위해 뒷받침 문장을 어떻게 효과적으로 구사해야 하는지, 위의 글을 새롭게 고쳐 써보자.

예문

　우리는 때로 독(毒)이 약이 될 수 있고, 고통이 성숙의 기본 요소이듯 〈악〉이 선의구성 요소가 된다는 사실을 깨닫지 못하고 있다. 그러나 실제로 악과 선은 불가분의 관계를 맺고 있으며, 악이 극도에 달하면 선이 될 수도 있다. 오랫동안 진급을 하지 못하여 절망에 빠졌던 한 관리가 그 일로 인해 오히려 더 커다란 행복과 고귀한 생애를 누리게 될 수도 있다. 정상인은 분명히 맹인이 불행하다고 여기지만, 맹인은 오히려 모든 괴로운 상황을 보지 않음으로써, 또 다른 감각을 발달시켜 정상인보다 불편 없이 살아갈 수 있다. 오히려 본다는 것을 모르기 때문에 보이지 않는다는 것의 불편함을 모르고 있기 때문이다.

－ 장그르니에, 장희숙 역, 『자유에 관하여』, 청하, 1992. 부분

학 과		성 명	
학 번		실시일	

1. 다음 단락을 읽고 자연스레 이어질 내용으로 한 단락을 써보자.

> **예문**
>
> 시는 기억술이라는 말이 있다. 비단 시만이 아니라 모든 예술은 왕성했던 생명과 순결했던 마음을, 좌절과 패배와 분노의 감정을, 마음이 고양된 순간에 품었던 희망을, 내내 기억하고 현재의 순간에 용솟음쳐오르게 하는 아름다운 방법이다. 기억이 없으면 윤리도 없다고 예술은 말한다. 예술의 윤리는 규범을 만들고 권장하는 데에 있는 것이 아니라, 순결한 날의 희망과 좌절, 그리고 새롭게 얻어낸 희망을 세세연년 잊어버리지 않게 하는 데에 있기 때문이다.
>
> – 황현산, 『밤이 선생이다』, 난다, 2017. 부분

학 과		성 명	
학 번		실시일	

1. 다음 소주제문을 가지고 한 단락의 글을 써보자.

소주제문: 과거의 기억은 인간에게 족쇄이다.

학 과		성 명	
학 번		실시일	

1. 다음의 시(詩)를 읽고 자신의 생각을 한 단락으로 써보자.

예문

요새 택배비 얼마나 한다고
저 무거운 걸 지고 다녀
거지같이

누구더러 하는 소린가 했더니

붐비는 사람들 사이로
아버지가 온다
쌀자루를 지고 낮게 온다

거지라니,
불붙은 종이가
얼굴을 확 덮친다

다 지난 일인데
얼굴에 붙은 종이가
떨어지지 않는다

얼굴에서
불이 꺼지지 않는다

– 신미나, 「무거운 말」, 『현대시』 7월호, 2019.

1. 단락 쓰기

2) 단락의 연결

아무리 개별 단락이 잘 쓰였다 하더라도 각 단락 사이의 논리적 연결이 매끄럽지 못하면 전체 글의 짜임새가 엉성해지고, 그에 따라 생각이 정확히 전달되지 못한다

①접속어의 적절한 사용: 접속어의 적절한 사용은 글쓰기의 과학성을 보증한다
②단락 사이의 내적 연결: 개별 단락의 의미를 정확히 간파해야 하고, 연결 단락이 어떠한 연관성을 맺어야 될 지에 대해 각별히 유의해야 한다

학 과		성 명	
학 번		실시일	

1. '나의 아버지'라는 주제로 한 편의 글을 쓴다고 가정하고, 접속어를 활용하여 두 단락을 써보자.

2. '나는 어떤 부모가 될 것인가'라는 주제로 한 편의 글을 쓴다고 가정하고, 내적 연결을 활용하여 두 단락을 써보자.

학 과		성 명	
학 번		실시일	

1. 다음의 시(詩)를 읽고 자신의 생각을 한 단락으로 써보자.

예문

　사랑을 위해 모든 것을 포기할 것 미래를 향해 돌진할 것 새는 온몸을 날개로 바꾸어 운동할 것 다른 것은 지울 것 점화된 새는 머리 위의 해를 삼키고 그림자 같는 미친 바람의 노래 그 유정한 선율의 은빛 날개를 넓게 펼 것 비단 폭 아랫도리를 스칠 때 온몸의 구멍을 열고 뛰어내려 다른 멍의 멍이 되고 또한 큰 멍 속의 구멍이 될 것 멍 밖의 멍으로 돌아가 구름과 달과 별이 사라진 자리 다무는 바람의 입 너머 생멸하는 어둠 밖으로 머리를 내미는 새의 선택은 오로지 날개 방향은 하늘

　부드럽게 금속을 파고드는 황산처럼 하늘을 에칭하는 새는 근육에 붉은 바람을 불어넣어 대기에 한 방울 피의 수평 궤적으로 응결될 것 이빨도 제거할 것 뱉어내어 먼지의 퇴적 안으로 밀어넣을 것 온몸의 깃털을 바람의 거스러미가 되게 할 것 뜯겨나간 바람의 비늘과 파쇄된 햇빛의 박편을 몸에 두르고 날기 위해 새는 신체를 고독에 봉헌하고 태양의 프로펠러를 장착하고 지상에서 영원으로 추락할 것 아름다움을 위해 바람과 빛의 힘살을 선택할 것 이제 새는 허공의 둥근 묘혈 안에 거주하는 부동의 점

－ 장석원, 「역진화의 시작」, 『역진화의 시작』, 문학과지성사, 2012.

학 과		성 명	
학 번		실시일	

1. '우리 시대의 사랑이란 무엇인가'라는 주제로 한 편의 글을 쓴다고 가정하고, 접속어를 활용하여 두 단락을 써보자.

2. '내가 가장 사랑하는 것들'이라는 주제로 한 편의 글을 쓴다고 가정하고, 내적 연결을 활용하여 두 단락을 써보자.

학　과		성　명	
학　번		실시일	

1. 자신의 책장에 어떤 책이 꽂혀 있는지 한 단락을 써보자.

예문

　책장을 보면 그 사람을 알 수 있다는 말은 그 사람의 관심의 분야가 책장에 반영된다는 말이기도 하지만, 그 사람의 머릿속이 책장에 꽂힌 책과 점점 닮아간다는 말이기도 하다. 앞서 말했듯 책을 소유한다는 것은 언제든 책에게 정신을 침범당해도 좋다는 인정이다. 책장을 들여다볼수록, 또 책장의 책을 들여다볼수록, 그 사람의 세계는 가지고 있는 책의 관심사와 비슷해진다. 그러니 독자 여러분, 책에 대한 소유욕은 인간이 발휘할 수 있는 가장 우아한 소유욕이다.

- 김겨울, 『독서의 기쁨』, 초록비책공방, 2018. 부분

학 과		성 명	
학 번		실시일	

1. '내가 생각하는 가장 우아한 소유욕'에 관한 한 편의 글을 쓴다고 가정하고, 접속어를 활용하여 두 단락을 써보자.

2. '누군가에게 추천하고 싶은 책'이라는 주제로 한 편의 글을 쓴다고 가정하고, 내적 연결
을 활용하여 두 단락을 써보자.

2. 초고 쓰기
1) 서두와 맺음말 쓰기
(1) 서두 쓰기

글 전체의 첫 인상이란 점에서 매우 중요

①시사적 사건을 언급하면서 시작
②개념을 진술하면서 시작
③새로운 문제를 비판적으로 제기하면서 시작
④인용을 하면서 시작
⑤물음을 던지면서 시작

학 과		성 명	
학 번		실시일	

1. 현재 자신이 소속한 광운대학교에 관한 짧은 소개 글을 쓰고자 한다. 글의 서두를 어떻게 시작하면 될 것인지, 글의 서두를 써보자.

학 과		성 명	
학 번		실시일	

1. 21세기의 세계는 민족, 인종, 성, 국가, 종교 등의 경계를 자유롭게 넘나드는 현실이다. 이른바 '경계넘기'의 과제가 사회적 현안이 되고 있는 실정이다. '경계넘기'에 대한 자신의 생각을 드러내는 글을 쓰려고 한다. 글의 서두를 써보자.

학 과		성 명	
학 번		실시일	

1. 남여, 세대, 빈부 간 등 최근 한국 사회에 불거진 차이와 갈등에 대한 인문학적 성찰과 해결방안에 대한 글을 쓰고자 한다. 2~3문장의 짧은 서두를 ①~⑤의 방식으로 각각 작성해보자.

2. 초고 쓰기

1) 서두와 맺음말 쓰기

(2) 맺음말 쓰기

맺음말이란 말 그대로 글을 맺는 역할을 함

① 지금까지 언급된 내용의 핵심을 간명하게 정리
② 본문에서 미처 논의하지 못한 사항을 과제로 제기
③ 앞으로 내다볼 수 있는 전망 혹은 어떤 대안을 제시

학 과		성 명	
학 번		실시일	

1. 다음은 우리의 일상이 갖는 작지만 결코 작지 않은 가치에 대한 생각을 드러내고 있는 글의 종결 부분이다. 다음의 종결 부분을 읽고, 그 의미의 핵심을 염두에 두면서 글의 종결 부분을 새롭게 고쳐 써보자.

> **예문**
>
> 인간사에서 가장 큰 사건을 일러 흔히 혁명이라고 부른다. 한 사회를 전혀 다른 방향으로 또는 차원으로 트고 진입하고 계속해서 나아가게 하는 것이다. 물론 그것은 다수의 의견, 다수의 소망이 행동화해 나아가는 것을 전제할 때라야 혁명이라 부를 수 있을 것이다. 한 개인에게 혁명이란 어떤 것일까. 이전과 다른 차원으로 자기를 높여가는 계기를 갖는 일일 것이다. 그것은 간단하게는 가을 들판에 나아가 구절초 보라꽃 빛 앞에 앉아보는 일이요 손바닥을 유심히 들여다보는 일이다. 이게 무엇인가! 나를 이 앞에 앉게 한 것, 이것인 무엇인가? 그것이 혁신이다. 그 질문을 마음에 품는 순간 나는 이미 달라져 있는 것이다.
>
> – 장석남, 『물 긷는 소리』, 해토, 2008. 부분

학 과		성 명	
학 번		실시일	

1. 21세기 인문학의 새로운 역할과 사명에 대한 글을 쓰고자 한다. '③앞으로 내다볼 수 있는 전망 혹은 어떤 대안을 제시'를 적용해 글의 마무리 단락을 써보자.

2. 초고 쓰기

2) 본문 쓰기

(1) 비판적 글쓰기

'비판적 글쓰기'의 경우가 인간의 이성적 활동을 염두에 둔 것이라면, '예술적 글쓰기'는 인간의 감성적 활동에 비중을 둔 것

-비판적 글쓰기
① 비판의 논점을 분명히 세워야 한다
② 비판은 비판 대상과의 생산적 대화다
③ 비판의 근거 자료를 확보해야 한다
④ 비판은 비판 주체의 자기 성찰이다

학 과		성 명	
학 번		실시일	

1. 다음 글은 '낙태죄 폐지' 찬반에 관한 내용이다. 찬성하는 부류의 의견과 반대하는 부류의 의견을 제시하였다. 찬성과 반대의 의견 중 어느 한 쪽 입장에서 다른 한쪽 입장을 예각적으로 비판하는 글을 써보자.

> ### 예문
>
> **〈낙태죄 폐지〉 찬반**
>
> **찬성 :** 여성의 자기결정권을 보장해야 한다. 현재 여성들은 병원에서 비위생적인 수술도구를 봐도, 수술 이후 심한 출혈이 있어도 '낙태가 불법이기 때문에' 도움을 요청하거나 항의할 수 없다. 낙태한 사실을 알리겠다면서 관계유지를 강요받거나 금전적 요구 등 협박을 받는 사례에도 대응할 수단이 없다. 여성에게만 책임을 묻는 낙태죄로 인해 여성의 건강과 안전은 심대히 위협받고 있다. 아이를 낳을지 말지 어떤 삶을 살아갈지를 국가의 책임과 사회적지지 속에서 고민할 수 있는 사회를 원한다. 아이를 언제, 얼마나 낳고 어떤 가족을 꾸릴 것인가는 누구에게나 중요한 '삶'의 문제인 만큼 이제는 국가 중심의 통제를 벗어나 국민 개개인의 의사에 맡겨질 수 있어야 한다.
>
> **반대 :** 인간 생명을 소중히 여기고 보호하는 것은 우리가 지녀야 할 기본적인 책임이다. 낙태는 태아의 생명을 제거하는 것뿐 아니라 낙태를 행하는 여성에게도 육체적·정신적·사회적으로 피해를 끼친다. 자궁 속 아기는 여성과는 독립된 자녀다. 여성 등 모든 인간에게 자기결정권이 당연히 있지만 태아는 '자기'라는 범위에 들어가지 않는다. 임신시 사회경제적인 이유로 낙태를 고민하게 되는 경우가 있는데 이를 해결하기보다 태아를 희생양으로 삼는 것은 옳지 않은 해결방식이다. 출산 지원 정책에 보다 많은 예산을 들여 나은 보육환경을 만들고 피임률을 높이기 위한 홍보와 교육을 대대적으로 해야 한다.
>
> – 유자비, 「불붙은 낙태 논쟁…"여성 자기결정권" vs "태아 생명권"」, 『뉴시스』, 2017.11.3. 부분

학 과		성 명	
학 번		실시일	

1. '노키즈존(No Kids Zone)'이 화두이다. 조용한 분위기의 식사나 영화 관람을 원하는 사람들에게 노키즈존은 환영할 일이다. 반면 아이를 가진 부모들은 '언제는 낳으라더니' 왜 아이들이 배척의 대상이 되어야 하냐며 분노한다. 두 입장 중 하나의 입장을 정해 다른 입장을 비판하는 글을 써보자.

2. 초고 쓰기

2) 본문 쓰기

(2) 예술적 감수성 글쓰기

①자신의 독창적 심미안을 최대한 발휘하라

②사회적 맥락 안에서 문화예술을 향유하라

③비판적 태도를 지니고 문화예술을 향유하라

학 과		성 명	
학 번		실시일	

1. 다음은 조세희의 단편 「칼날」에서 인상적인 마지막 장면이다. 조세희의 이 작품 전체를 읽어보고, 이 작품에 대한 비평적 글쓰기를 할 경우 마지막 장면을 어떻게 해석해야 할까. 특히 밑줄 친 두 인물 '수도국 사람들'과 '난장이'에 주목하여 이 마지막 장면에 대한 비평적 입장을 써보자.

"자, 그 양동이를 이리 주렴."

"엄마, 아직, 열한시밖에 안 됐어요."

딸애가 말했다.

"제가 받아놓고 잘 테니까 들어가 주무세요."

"아니다. 오늘밤부터는 일찍 받게 될 거다."

"수도국 사람들이 왔었어요?"

"그들은 받을 돈을 계산할 때 말고는 결코 오는 법이 없단다"

"그럼 어떻게 아세요."

"조금만 기다려라"

그녀는 심호흡을 했다.

난장이의 얼굴이 떠올랐다.

"엄마, 왜 그래요?"

"실은 수도꼭지를 새로 달아봤다. 땅 위로 나온 이 꼭지는 이제 먹통이야. 진짜는 이 밑에 있단다."

"그럼 물이 잘 나온데요?"

"네 생각은 어떠냐?"

"잘 모르겠어요."

"다른 집 사람들은 일찍 받을 수 있다는 그의 말을 믿지 않더구나."

"그가 누구예요?

"그런 사람이 있어."

"좋은 사람?"

"그래 좋은 사람이야."

신애는 다시 무릎을 꿇고 허리를 굽혔다. 그렇게 엎드린 자세로 딸애가 가져온 양동이를 새 꼭지 밑에 놓았다. 몸이 거꾸로 넘어갈 것 같았다. 제발, 하느님⋯⋯신애는 떨리는 손으로 수도꼭지를 틀었다.

– 조세희, 『난장이가 쏘아올린 작은 공』, 문학과지성사, 1978. 부분

학 과		성 명	
학 번		실시일	

1. 광운대 캠퍼스의 공간 중 가장 주목할 만한 공간은 어느 곳이라 생각하는가. 그 공간에 대한 미학적 입장을 써보자.

2. 초고 쓰기

3) 제목과 부제목 및 목차 쓰기

(1) 제목과 부제목 달기

제목을 정하는 뚜렷한 원칙은 없지만 글의 제목이 너무 산만한 느낌을 주거나, 개성과 독창성 없이 상투적인 면은 경계

①글 전체를 지배하는 핵심어 제시
②글의 주제를 함축하는 문장형으로 제시

학 과		성 명	
학 번		실시일	

1. 다음은 어떤 글의 부분이다. 이 부분을 읽고 적합한 제목을 핵심어로 간명하게 정해 보자.

> **예문**
>
> '청빙(聽氷)'이라는 옛말이 있습니다. 김달진 옹이 번역하신 『한산시』를 읽어 가다 보면 시 하단에 붙인 주석 속에 두 줄 정도 설명이 나와 있지요. '청빙'에는 추운 겨울밤 여우 한 마리가 언 강바닥을 두드려 가며 얼음 소리를 들어 보고 조심스레 강을 건너간다는 뜻이 담겨 있습니다. 이 의미 범위를 따라가 보면 지금 먼 곳에서 앞에 나타난 눈 덮인 광대한 강을 코앞에 두고 있는 존재인 우리의 지점을 가리키고 있어요. 눈 덮인 강은 추위로 위독하고 고독한 곳이지요. 건너려 하는 자는 여우의 앞발을 빌려 강바닥이 잘 얼어 있는가 두드려 보아야 합니다. 겉이 얼어 있다 해서 속까지 다 얼어 있는 것은 아닌 것. 단단하게 얼어 있는지 확인해 보아야 하기 때문입니다. 강바닥에 귀를 종긋이 붙이고 납작 엎드린 채 회색 코털을 바짝 대고 한 발씩 앞으로 딛는 여우가 두드리는 맑은 얼음 소리, 깨워 내는 소리, 불러내는 소리, 자기 손으로 두드려 보고 듣는 얼음 소리. 시란 이렇게 두드려 보는 행위입니다.
>
> 우리가 쓰는 시는 대답 없는 상태에 대한 질문입니다. 대답 없는 상태에 대한 두드림이지요. 언 강은 대답이 없는 상태지만 그 강을 두드려 보아야만 우리가 긍정할 수 있는 길이 나옵니다. 부정해야만 하는 길도 나옵니다. 그 길은 우리가 만들어 가는 것입니다. 내가 어디쯤에 와 있고 어디로 가야 할지는 방향이 정해져 있지 않습니다. 두드려 보아야만, 갈 방향이 한 발치쯤 코앞에 보일 뿐입니다. 내가 어디로 걸어왔는지는 뒤를 돌아다보면 알 수 있습니다. 그러나 그 길조차 얼음이 무너져 녹아 있을지도 모릅니다. 몇 해 동안, 정말 오랜 몇 해 동안, 나의 시는 가지 않고 있었습니다. 두려움에 휩싸이는 순간 가지 않는 것도 고통이요, 더 가는 것도 고통이었지요. 두려움에서 깨어나는 순간이 더 무서웠습니다. 시는 두려움입니다. 그 두려움에게 다시 말 걸기입니다. 두렵게 말을 거는 형식입니다.
>
> – 조정권, 『청빙』, 파란, 2018. 부분

학 과		성 명	
학 번		실시일	

1. 다음 시의 제목을 유추해 보고, 그 이유에 대해 써보자.

예문

항구는 빛의 포장지로 뒤덮인
어린 날의 크리스마스트리 같다

선실에는
생활의 비린내

세계의 노선도는
괴물의 뇌 같다

밤의 복부를 긋고 쏟아져도
끝나지 않는 별들

내가 들어갈 수 없는 집들

육지는
동화 속의 마을 같다

갈매기가 머리 위를 돌면
밤새 달려온 화물선의
뒤엉킨 해로를 풀어 주는 것 같다

더 살아야 한다
생각하면

모든 비유가 쓸모없는 것 같다

냉동 창고에 떨어진 생선 눈알로
축구를 하는 아이들

나는 거짓말을 한다
바닷속 풍경이 풀어지는 것 같지?
너희처럼 아른거리는 것 같지?

– 정우신, 『비금속소년』, 파란, 2018.

학 과		성 명	
학 번		실시일	

1. 다음은 어느 글의 부분이다. 이 부분을 읽고 글의 제목과 부제목을 써보자.

예문

    성과사회의 피로는 사람들을 개별화하고 고립시키는 고독한 피로다. 그것은 한트케가 「피로에 대한 시론」에서 "분열적인 피로"라고 부른 바 있는 바로 그 피로다. "둘은 벌써 끝없이 서로에게서 떨어져 나가고 있었다. 그리하여 각자 자기에게 가장 고유한 피로 속으로 빠져들었다. 그것은 그러니까 우리의 피로가 아니었고, 이쪽에는 나의 피로가, 저쪽에는 너의 피로가 있는 꼴이었다." 이런 분열적인 피로는 인간을 "볼 수 없고 말할 수 없는 상태"로 몰아넣는다. 오직 자아만이 시야를 가득 채운다. "나는 그녀에게 '나는 너한테 지쳤어'라고 말할 수도 없었을 것이다. 아니 그냥 '지쳤어'라는 말조차 할 수 없었을 것이다. (함께 그렇게 외쳤다면 우리는 각자의 동굴에서 해방될 수 있었을지도 모르지만.) 그토록 심한 피로 때문에 우리에게서 말할 수 있는 능력이, 영혼이 다 타서 사라져버린 것이다." 피로는 폭력이다. 그것은 모든 공동체, 모든 공동의 삶, 모든 친밀함을, 심지어 언어 자체마저 파괴하기 때문이다. "그런 종류의 피로는, 본래 그럴 수밖에 없었겠지만, 아무 말 없이, 필연적으로 폭력을 낳았다. 아마도 이러한 폭력이 모습을 드러낸 것은 오직 타자를 일그러뜨리는 시선 속에서 뿐이었을 것이다."

                                                  – 한병철, 김태환 역, 『피로사회』, 문학과지성사, 2012. 부분

2. 초고 쓰기

3) 제목과 부제목 및 목차 쓰기

(2) 목차 정하기

글의 목차는 글 전체를 구성하는 골격 역할

학 과		성 명	
학 번		실시일	

1. 우리나라는 문화예술의 해외 진출이나 국내 예술 진흥을 위해 국가 예산을 마련해 지원하고 있다. 문화가 국가의 지원을 받는 것에 대한 자신의 의견을 제시하는 글을 쓰고자 한다. 이에 대한 목차를 구성해보자.

학 과		성 명	
학 번		실시일	

1. 다음의 글을 읽고 이 글은 어떤 목차를 토대로 작성되었는지, 그 목차를 써보자.

　문학에 대해서는 앞에서도 잠깐 언급하였지만, 어떻게 쓰느냐를 중요시하는 문학을 위한 문학을 주장하는 부류와 무엇을 쓰느냐를 중요시하는 인간을 위한 문학을 주장하는 부류로 크게 나뉜다. 문학을 위한 문학은 문학의 자율성에 지나치게 중요성을 부여하여 문학 자체의 것만을 지키려고 애를 쓰며, 인간을 위한 문학은 문학의 효율성을 지나치게 중시하여 문학적 형식보다는 내용에 힘을 기울인다. 그러나 두 이론은 다 같이 문학의 어느 한 면에 대한 과도의 경사에 의해 문학을 불구자로 만든다. 문학 내적인 것이 그것을 선택한 인간의 의사와 관계없이 존재할 수 있다는 것이나, 인간의 의사가 형태를 얻지 않아도 제대로 표현될 수 있다고 생각하는 것은 하나의 환상에 지나지 않는다.

　그 환상은 그러나 대단한 설득력을 발휘한다. 왜냐하면 그것은 극단적인 것이기 때문이다. 극단적인 것은 대상의 어느 한 측면의 과장을 그 속성으로 삼고 있다. 문학을 위한 문학은 문학의 주체자를, 인간을 위한 문학은 문학의 자족성을 각각 사상하고 있다. 그 두 이론은 그러나 순수·참여 논쟁이라는 한국 문학을 해묵은 가짜 문제의 이론적 전거를 이룬다. 어휘 자체의 개념 규정도 뚜렷하게 하지 못한 채 되풀이된 그 논쟁은 한국 문학인 들을 상투화된 과장성으로 몰고 가, 사로를 유형화 시키고, 문학인의 내적 창조성을 당위 성으로 찍어 누르게 된다. 그 결과, 문학에 대한 독자들의 인식과 작품을 쓰는 문인들의 사고 자체가 경직화 되어버린다. 한 파에서 달빛을 노래하면 다른 파에서는 굶주림을 노 래하고, 한 파에서 내면을 말하면 다른 파에서는 사회를 주장한다. 미리 결정된 주체와 주장이 있으니 세계와 인간을 이해하려는 어려운 노력이 필요실 될 리가 없다.

　문학은 그러나 문학만을 위한 문학도 아니며, 인간만을 위한 문학도 아니다. 그것은 존재론적인 차원에서는 무지(無知)와의 싸움을, 의미론적인 차원에서는 인간의 꿈이 갖고 있는 불가능성과의 싸움을 뜻한다. 존재론적인 차원이나 의미론적인 차원이라는 말 때문에 놀랄 필요는 없다. 문학은 그것이 있다는 사실 하나만으로 문학을 이해하지 못하는 사람이 있다는 것을, 다시 말해서 무지를 추문으로 만든다. 아무러한 반성 없이, 9시 에 회사 문에 들어서서, 잡담하고 점심 먹고 5시에 퇴근하는, 그런 일과가 월·화·수·

목…… 계속되는 일상인의 무딘 의식에, 지배적 이데올로기의 뒤를 보지 못하는 갇힌 의식에, 문학은 그것이 진실된 삶이 아니라 거짓된 삶이라는 것을 밝혀주고 그것을 추문으로 만든다. 아니 더 나아가서 문학은 그것의 존재가 글을 못 읽고, 글을 읽을 수 없는 사람이 존재한다는 것을 사람들로 하여금 부끄럽게 만드는 어떤 것이다. 무지를 그러므로 우리는 폭넓게 이해하지 않으면 안 된다. 문학이 무지를 추문으로 만든 다는 것은, 문맹인이 있다는 것은 글을 읽을 줄 아는 이를 부끄럽게 만들 뿐만 아니라, 무디게 갇혀 있는 일상인의 의식이 하나의 코미디라는 것을 드러내게 하는 것을 뜻한다. 사르트르라는 프랑스의 작가가 태도의 희극이라고 부른 나쁜 신앙(자기기만)이야말로 가장 나쁜 무지의 일종이다. 마리 앙토아네트라는 프랑스 전제 시대의 왕비를 기억하기 바란다. 그녀는 빵을 요구하는 시민들의 분노의 함성을 듣고, 빵이 없으면 과자를 먹으면 될게 아니냐고 태연스럽게 대답한다. 그러한 대답이 무지의 소산이라는 것을 밝히는 역할을 문학은 맡고 있다. 이렇게 좋은 글을 못 읽는 사람이 있다니! 문학은 그런 생각을 불러일으킨다.

문학은 동시에 불가능성에 대한 싸움이다. 삶 자체의 조건에 쫓기는 동물과 다르게 인간은 유용하지 않은 것처럼 보이는 것을 꿈꿀 수 있다. 인간만이 몽상 속에 잠겨들 수가 있다. 몽상은 억압하지 않는다. 그것은 유용한 것이 아니기 때문이다. 인간의 몽상은 인간이 실제로 살고 있는 삶이 얼마나 억압된 삶인가 하는 것은 극명하게 보여준다. 문학은 그런 몽상의 소산이다. 문학은 인간의 실현될 수 없는 꿈과 현실과의 거리를 자신의 의사에 반하여 드러낸다. 그 거리야 말로 사실은 인간이 어떻게 억압되어 있는가 하는 것을 나타내는 하나의 척도이다. 불가능한 꿈이 아름다우면 아름다울수록, 삶은 비천하고 추하다.

– 김현, 「문학은 무엇을 할 수 있는가」, 『한국문학의 위상』, 문학과지성사 1977. 부분

1. 고쳐 쓰기

고쳐 쓰기를 할 때는 다음의 사항을 확인할 필요가 있다

①글을 쓴 의도가 잘 표현되었는가
②글 내용에 논리적 결함은 없는가
③문법에 맞게 글을 썼는가
④맞춤법과 표준어 규정에 맞게 썼는가

학 과		성 명	
학 번		실시일	

1. 다음의 목차를 보고 아래의 문제에 답해보자.

☞ 위의 목차를 보고 적절한 제목을 써보자.

☞ 위의 내용으로 글을 구성할 때 보충되어야 할 사안은 없는지 검토해보자.

☞ 위의 목차의 문제점을 지적하고 적절한 수정 목차를 만들어보자.

학 과		성 명	
학 번		실시일	

1. 다음 글은 단락 구분이 되어 있지 않다. 글을 읽고 단락을 나누어보고 각 단락의 내용이 무엇인지 써보자.

예문

감정노동이란 용어는 1983년 앨리 러셀 혹실드의 〈관리된 마음〉이라는 책에서 제기된 이후 보편적으로 사용되고 있다. 책에서 '감정노동'(emotional labor)은 "소비자들이 우호적이고 보살핌을 받고 있다는 느낌을 만들어낼 수 있도록 외모와 표정을 유지하고, 자신의 실제 감정을 억압하거나 실제 감정과 다른 감정을 표현하는 등 감정을 관리하는 노동"을 일컫는다. 개별 기업과 조직에서는 고객에게 표출하는 감정적 서비스의 양과 질이 '매출'과 밀접한 연관성을 갖고 있다는 것을 너무나도 잘 알고 있다. '매출이 인격'이라는 조직문화나 "사랑합니다. 고객님"이라는 표현이 대표적이다. 심지어 일부 기업은 고객에게 눈맞춤은 기본이고 무릎을 꿇고 서비스를 제공하게끔 한다. 그 순간 고객과 노동자들은 동등한 인간일 수 없다. 아무리 서비스라는 단어의 어원이 라틴어 '노예'(servus)에서 출발했더라도 강요된 서비스는 비인간적이다. 우리나라에서 서비스 노동자의 길을 선택하는 순간 인권은 존재하지 않는다. 감정노동 문제는 감정노동 그 자체보다 감정부조화가 핵심이다. 감정부조화는 실제 감정과 겉으로 표출하는 감정 사이의 격차인데, 외적 현상으로 우울증이나 대인기피증과 같은 건강장해가 발생한다. 이 때문에 감정노동자 보호를 위한 예방과 사후관리 필요성이 제기된 지 오래다. 다행히 최근 몇 년 사이 국내 11곳의 지자체에서는 감정노동자 보호 조례가 제정되었다. 과거와 달리 노동을 보는 관점이 바뀌고 있음을 짐작하게 하는 대목이다. 특히 서울시는 감정노동 조례와 정책 이후 감정노동 가이드라인과 지침을 만들었다. 감정노동 교육 의무화나 시민홍보 등 각 영역별 보호조치를 구체화했다. 대표적으로 폭언이나 성희롱 같은 위험이 발생할 경우 일터에서 벗어날 권리와 같은 업무중지권을 명시한 것은 의미가 있다. 또 심리적인 휴식이 필요할 때 적정휴식을 제공하도록 규정했다. 상품화된 노동이 아니라 인간중심적 노동으로 변화해야 한다는 공감의 정책이다. 무엇보다 조직 내에서 부당한 대우를 받았을 때 감정노동자들이 보호를 받을 수 있는 '노동조사관' 신설은 의미가 있다. 사실관계를 따지지 않고 무조건적인 사과 등을 지시함으로써 노동자에게 인격적인 모멸감을 주어서는 안된다는 철학이 담겨 있다. 국제노동기구(ILO)나 유럽연합 (EU)은 노동자와 고객 간의 업무 수행과정에서 발생하는 신체적, 정신적 폭력을 중대한 업무상 재해로 구분한다. 독일은 노사정 세 주체가 "노동세계에서의 심리적 건강을 위한 공동 선언"을 한 바 있다. 노동자들의 안전과 건강을 위해 상시적인 상담 창구를 열어 놓고, 해마다 전국적인 토론회를 개최하고 감시자 역할과 정책제안도 한다. 인간의 감정까지 상품화하는 천박한 자본주의 유물이자 반사회적 노동형태인 과도한 감정노동은 없애야 한다는 취지다. 앞으로 감정노동자들의 일이 '욕먹고, 낭비적인 일'이 아니라, '보람 있고, 가치 있는 일'로 바뀔 필요가 있다. 이제 우리도 노사정이 함께 지혜를 모아 해결의 실마리를 풀기 위한 사회적 대화와 전략을 갖출 시점이다.

– 김종진, 「감정노동 논의 10년 만에 첫 결실」, 『경향신문』, 2018.5.11. 부분

학 과		성 명	
학 번		실시일	

1. 각 단락의 내용을 요약해보고 자신의 전공과 연관성 상에서 논의의 논리성 여부를 파악해보자.

예문

　현재의 대학 교육은 먹고 살 것이 이미 마련되어 있는 귀족이나 양반 계급만을 대상으로 하지 않는다. 이미 유한계급인 자들로 하여금 교양을 쌓고 진리를 탐구하게 하여 대중보다 우월한 지적 기반에서 사회의 엘리트 리더로서의 역할을 제대로 수행할 수 있게끔 대학교육을 베푸는 것이 아닌 것이다. 현재의 대학 교육은 시민사회에서 이루어지며 교육 수요자는 살아가기 위하여 생업을 필요로 하는 미래의 직업인들이다. 한국의 근대화 과정에서 대학 교육은 오히려 아무런 배경을 갖지 않은 자에게 경제적 능력과 사회적 지위를 마련해 주었으며 때로 신분상승의 기회가 되기도 하였다. 진리탐구라는 근대 대학의 목적은 현대적 관점에서 보면 매우 한가한 이야기로 들린다. 요즘 우리의 대학이 탐구하는 '진리'는 잘 먹고 잘 살게 해 줄 수 있는, 곧 경제적 효용가치를 생산해내는 진리일 때에만 제대로 대접받고 있기 때문이다. 현실에 발붙이지 못하는 '진리'는 비웃음거리로 전락하고 말았다.

　이제 대학 교육 제공자 곧 지식 생산자는 현실 세계에서 먹고 살아야 하는 수요자의 요구에 따라 생업에 직접적으로 응용될 수 있는 지식을 생산해야 한다. 그러나 우리가 추구하는 진리는 항상성을 가지는 것이기 때문에 그것의 추구 과정인 학문은 상품을 사고파는 시장의 세계와는 차별되는 것으로 여겨져 왔다. 학문의 세계와 수용자, 소비자, 생산자 등의 개념은 서로 어울리지 않는 것이다. 학문은 효용가치로 평가받는 것이 아니어서 생산자로서 지식이나 기술을 생산하여 그것을 제값을 받고 수요자에게 파는 시장의 세계와는 거리가 멀다. 대학은 이제 현실 세계에서 하나의 생산 수단으로 전락하였으며 대학교수는 상품이 될 만한 지식을 생산해 팔아야 하는 노동자이다.

－신지연, 「인문학 위기의 시대에」, 『어문생활』, 2009.3. 부분

학 과		성 명	
학 번		실시일	

1. 다음의 예문을 읽어보고 단락의 구성 및 연결성에 문제가 없는지 파악해보자.

예문

　역사적으로 성매매에 관한 논의는 끊이지 않고 이어지고 있다. 성매매라는 것 자체가 근본적으로 여성에 대한 남성의 지배라는 것으로 사회구조적으로 생각하는 입장도 있다. 시작은 가부장제 사회에 의한 비자발적 성매매였어도 현재에는 여성들이 스스로 선택한 자발적 성매매가 당연한 것이다. 물론 여성이 왜 성매매를 통해 돈을 벌어야 하는가에 대한 사회구조적 측면에서 따진다면 여러 가지 사회문제가 중첩적으로 발생된 것으로 해석될 것이다. 하지만 그 많은 사회문제를 성매매에 기준을 두고 해결해나가는 것은 절대 쉬운 일이 아닐 것이다. 그 이상적인 사회를 목표로 하고 눈앞의 피해자들인 여성들을 방관하는 것 역시 옳은 일은 아니다. 그렇기 때문에 최대한 부작용과 탈법행위를 줄일 수 있는 법제정을 통하여 성매매를 합법화하는 노력이 필요하다. 성산업이 활성화된 우리나라에서 업소나 알선행위를 금지하고, 개인 간의 성매매만을 허용한다면 분명히 법의 망을 피해 지하화된 성매매 업소들이 줄을 이을 것이다. 그렇기 때문에 차라리 국가가 이를 철저히 규제하고 관리하여 성매매 업소의 양지화를 추구하는 것이 더 효과적이다. 또한 성판매자인 여성들에게 등록과 세금을 징수한다면 공인된 성매매 여성들은 낙인에 의한 피해를 입게 된다. 그러므로 업소나 알선자 등은 등록과 세금을 징수하지만, 성매매 여성들은 등록하지 않도록 하여야 한다.

　우리나라의 사정에 가장 적합하고 안전한 성매매 관련 법을 제정하는 입법자들의 노력이 필요하다. 그렇지만 무엇보다 가장 중요한 것은 결국, 법을 지키고 사회적 약자들을 배려하는 사회적 분위기를 형성하는 사회구성원들의 노력이다.

－ 학생글에서

학 과		성 명	
학 번		실시일	

1. 다음의 문장을 자연스러운 표현으로 고쳐보자.

☞ 오늘 아침, 국회의원 홍길동 씨는 뇌물 수뢰 혐의로 구속되었다.

_____

_____

_____

☞ 지금 우리 사회는 옛것이면 구식이라고 생각하는 선입견을 가지고 있다.

_____

_____

_____

☞ 아직까지도 중국 정부 관료들은 6자 회담에 부정적인 견해를 보이고 있으나 미국 정부의 적극적인 외교로 인해 가까운 시일 내에 반드시 이루어질 것으로 보인다.

_____

_____

_____

☞ 독도의 영유권을 주장하는 일본 총리의 망언에 대해 정부는 일본에게 강력히 항의해야
한다.

_____

_____

_____

_____

☞ 은행에 완전히 몰수된 처가집에서 남들 몰래 옥상 위에 올라 별을 바라보며 남은 여생을
걱정하시던 장모님의 모습이 눈에 선하다.

_____

_____

_____

_____

☞ 저희 학원에서는 정보처리에 관련된 모든 과정을 무료로 교육시켜 드립니다.

_____

_____

_____

_____

2. 인용과 주석(註釋) 달기

3. 참고문헌 작성

인용은 다른 사람의 글 일부를 자신의 글에 삽입하는 것
- 직접인용
- 간접인용

주석은 자료의 출처를 밝히거나 본문의 내용을 보완하기 위한 것

학 과		성 명	
학 번		실시일	

1. 다음 1 ~ 6의 지시 사항을 이용하여 각주를 작성해보자.

---

1. '이태준'의 '문장강화'라는 책 가운데 77쪽을 인용하였는데, 이 책은 '소명출판'에서 2015년에 출간되었다.
2. 각주1)의 책 가운데 250쪽을 인용하였다.
3. 'T.S, Eliot'의 'Selected Essays'라는 책 가운데 30쪽에서 31쪽까지를 참조하였는데, 이 책은 'London'에 있는 'Faber and Faber'에서 1980년에 출간되었다.
4. '김영범'의 '사이의 시학'이라는 글을 인용하였는데, 이 글은 '파란'이라는 계간문예지 제11호인 2018년 겨울 호에 수록되었다.
5. '국립국어연구원'이 1999년도 서울에서 출판한 '표준국어대사전'을 참조하였는데, 출판사는 '두산동아'이다.
6. '게오르그 짐멜'의 '짐멜의 모더니티 읽기'라는 책 가운데 220쪽을 인용하였는데, 이 책을 번역한 사람은 '김덕영'이며, 출판사는 '새물결'이고, 출판연도는 2005년이다.

---

2. 글의 말미에 각주 1 – 6에 인용 혹은 참조한 문헌들을 대상으로 참고문헌을 작성해보자.